ご利益別で探しやすい

願いが叶う

「最高の開運」神社事典

Shinto shrine encyclopedia

「大開運」神社研究会

宝島社

目次

ご利益別で探しやすい
願いが叶う
「最高の開運」
神社事典

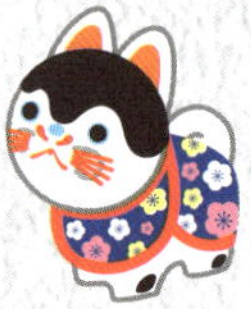

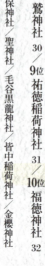

第2章 健康長寿が叶う神社50 …… 49

第3章 良縁を結ぶ神社50 …… 81

本書掲載の神社選びの基準

掲載している200社の神社は、「大開運」神社研究会スタッフの現地取材、口コミサイトやSNSの一般の方々の感想、メディア露出などを総合的に評価しまして、「金運」「健康運」「縁結び」「成功」をキーワードに神社を選んでいます。掲載神社の選択には、「大開運」神社研究会の主観が入ることをあらかじめご了承ください。

参拝前に知っておきたい 神社の基本のキ

「運」というのは目に見えない不確かなものです。そして、類まれな能力を持っていても「運」をつかめない人がいます。参拝前に神社のことを知って、「運」をつかめるようになりましょう。

なぜ神社で開運できるのか

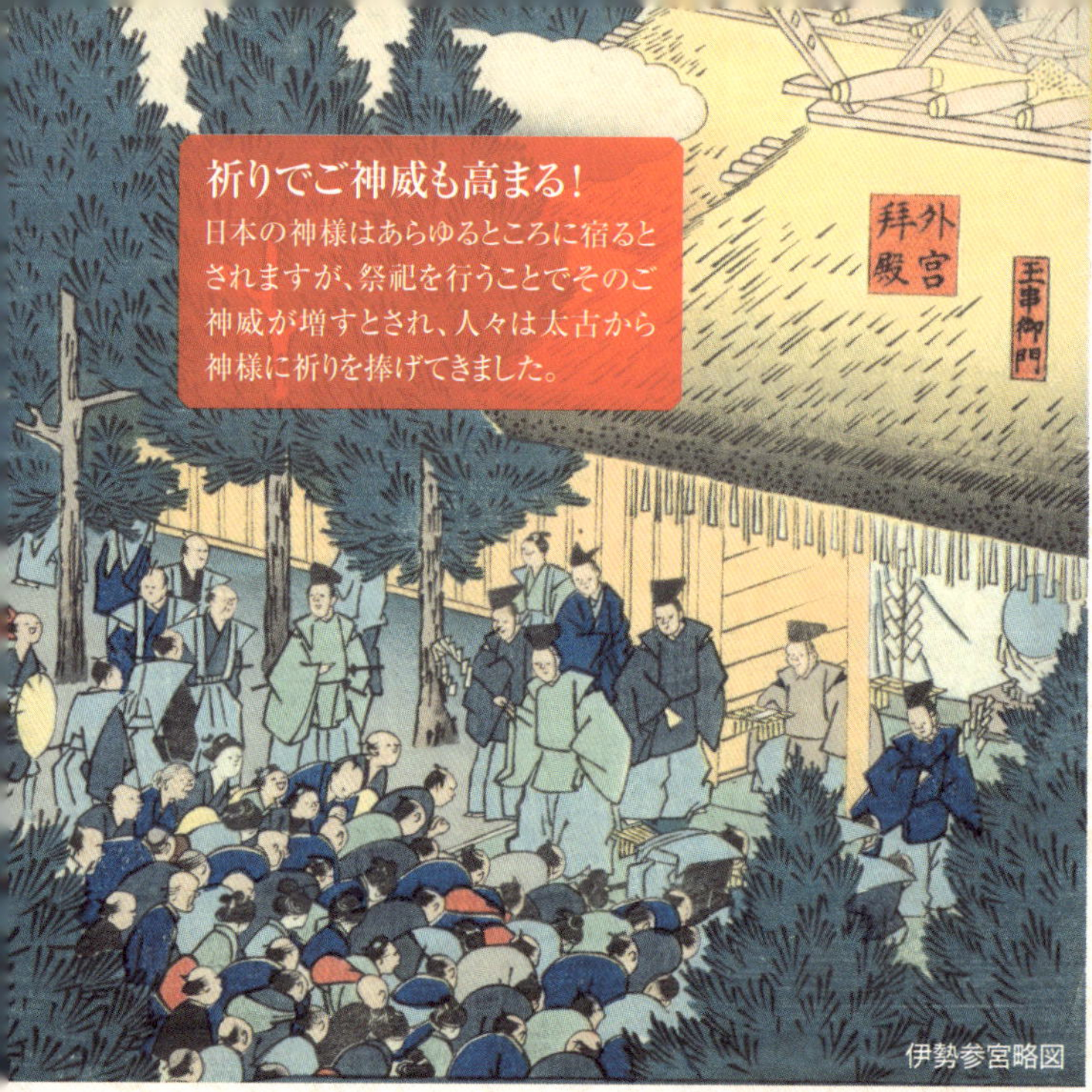

伊勢参宮略図

祈りでご神威も高まる！

日本の神様はあらゆるところに宿るとされますが、祭祀を行うことでそのご神威が増すとされ、人々は太古から神様に祈りを捧げてきました。

三原神社（東京都大島町）

神社は安全・強固な地に創建！

神社を新たに創建する、つまり神様をお招きする場合には、その地域の特に安全な土地が選ばれます。

神社が聖地になる理由

神社は、神様に由来する地やその地域において特に大切な土地、聖地とされる場所に創建されます。例えば、伊豆大島にある三原神社は三原山の大噴火の際にも溶岩が社殿ギリギリのところを通過して被害がありませんでした。

　神社は単に特別な力を宿した聖地であるだけではありません。神社は多くの人がさまざまな願いごとを心に持ってお祈りに来る場所です。祈りとは、ただ何となく願うのではな

❶ 神様の降臨地などの伝承地や地域の最も安全な土地が存在。

❷ 神社が創建されて参拝者が祈りを捧げるようになりご神威が高まる。

❸ ご神威が増したことでますます参拝者が増える。

❹ 参拝者が増えたことでご神威がさらに高まる。

ご神威と祈りの相乗効果！

神様のお力は、祈りの力によってさらに強まります。そして神様のお力が増せば、霊験あらたかとしてさらに多くの参拝者が訪れるようになります。

く、次のステップに進もうとする第一歩といえます。神社はこの祈りの力が集まる場所なのです。公立の進学校の生徒の多くが難関大学に合格できるのは、ともに目標を持った人々が集まる場所であることが要因のひとつです。暗い雰囲気の場所では、人の心も暗くなります。反対に陽気に満ちた場所では人は明るくなります。神社は人々が願いを叶えたい気持ちであふれた最高の場所なのです。そのような多くの人々の祈りが聖地に鎮座する神様のお力(ご神威)をさらに高めることにつながります。するとさらに多くの人々が参拝に訪れるようになります。ご神威と祈りの相乗効果で、さらに人々に恵みを与える神社になるのです。

神社の歴史と基本

神社の歴史

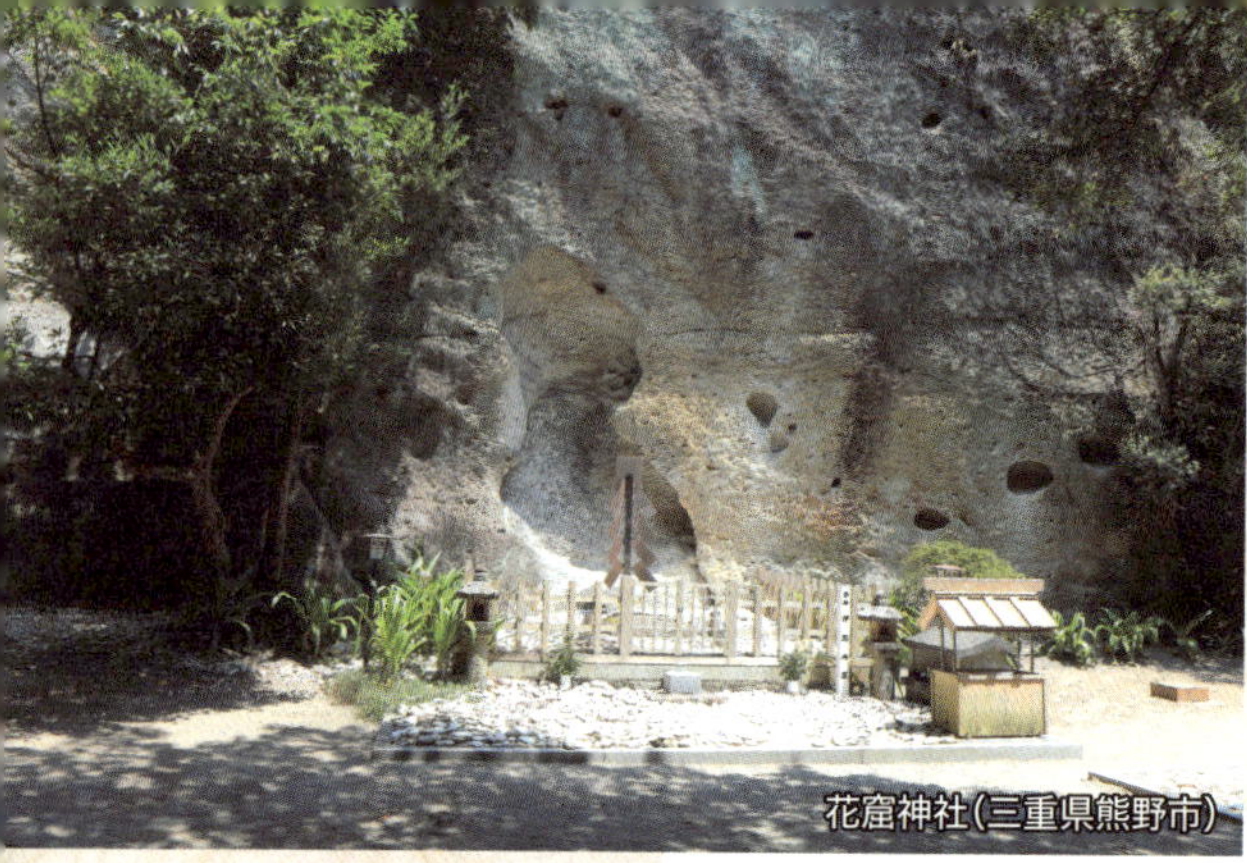
花窟神社（三重県熊野市）

縄文時代～ 自然信仰

神社の社殿がつくられるようになる前の太古の信仰では、神様は自然界のあらゆるものに宿ると考えられました。岩に神様が依り憑く磐座信仰、山を神様とする神体山の信仰などが生まれました。

神武天皇の祭祀　神宮徴古館 蔵

弥生時代後期～ 祖先崇拝

日本の神話には、天皇や有力豪族の祖先の神様が登場します。人間の祖先は神様であり、今を生きる人間は神様の分霊と考えられました。そのため古墳時代には古墳が築かれ、祖先に対する祭祀が行われました。

なぜ日本には八百万の神様がいるのか

日本で祀られている神様は、神社によってさまざまです。現存する日本最古の歴史書である『古事記』は3巻構成ですが、上巻だけでも300近い神様の名前が記されています。

これに加え、日本最古の正史『日本書紀』（全30巻）や各地で編纂された『風土記』、『古語拾遺』などのそのほかの歴史書、民間信仰まで含めると、神様の数は数え切れないほどあります。そのため、日本の神様は八《や》百《お》万《よろず》の神々といわれます。

伊勢神宮の創建　神宮徴古館 蔵

古墳時代後期〜 神社の誕生

それまで仮設の祭祀場や邸宅内の祭壇に祀られていた神様が、専用の常設施設である神社に祀られるようになりました。伊勢神宮で式年遷宮などが行われるようになり、古墳祭祀はなくなっていきました。

明治時代〜現在 神仏分離

明治時代に入ると、新政府によって神仏分離令が出され、1000年以上続いた神仏習合の時代が終わり、神社と寺が別々に分けられました。しかし、現在でも神社の境内に五重塔があったり、寺の境内に神社があるなど、神仏習合の名残があります。

那智参詣曼荼羅図

芝東照宮（東京都港区）

奈良時代〜 神仏習合

日本に仏教が伝来すると、日本の神様は仏様の別の姿であるとする本地垂迹説（ほんじすいじゃくせつ）という考え方が生まれました。そのため、神主がお寺で祝詞を読んだり、僧侶による神社での読経などが行われました。

「八百万」とは、「無数にある」という意味です。

なぜこれほどまでに日本の神様は多いのでしょうか。それは日本の豊かな自然の中で、人間が自然とともに生きてきたからです。キリスト教では、人間は万物の霊長、つまり世界のリーダーとして神様によってつくられたとされます。しかし日本の神話では、人間の祖先にあたる神様だけでなく、木や岩、風、水などあらゆる自然物の神様が登場します。人間と自然がともに神様の分霊であり、いわば兄弟として描かれているのです。この世界にあるあらゆるものを人間と対等、あるいはそれ以上の存在として捉えるため、あらゆるものに神様が宿っているとされるのです。

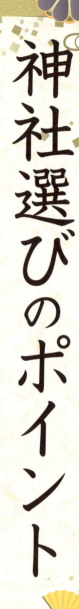

神社選びのポイント

天岩戸神話　神宮徴古館 蔵

まずは氏神様にお願いごとをしよう

神様は人間よりも尊い存在です。そのため、あらゆることにご神徳を発揮されますので、どの神社でも縁結びから車のお祓いまで、あらゆる祈願を行っています。

ただし、日本の神様は無数に存在しますが、人間と同じように個性があります。そのような神様の特徴を知っていれば、より自分に合った神様のお力をいただけることでしょう。例えば縁結びでは、旧暦10月に神様が集まって縁結びの会議が行われる出雲大社の神様・オオクニヌシが有名です。

自分の祈願内容に合った神様のほかに大切な神様がいます。それは、自分が住む土地の神様・氏神様です。氏神とはもともとその一族の祖先神のことを指しました。昔は一族は同じ土地に住んでいたからです。現在ではその土地の守護神を氏神様と呼ぶようになっています。

氏神様が守護する土地に住む人間のことを氏子といいます。自分がどの神社の氏子なのかは、近くの神主がいる神社に聞けば教えてくれます。氏神様は氏子の生活全般の神様です。まずは氏神様にお願いごとをして、それから自分の願いごとに合った神社にお参りするといいでしょう。

氏子地域

氏子地域は神社ごとに分けられているので、最寄りの神社が自分の氏神様とは限らないので注意が必要。図の場合、B神社の方が近いが、C神社の氏子となる。

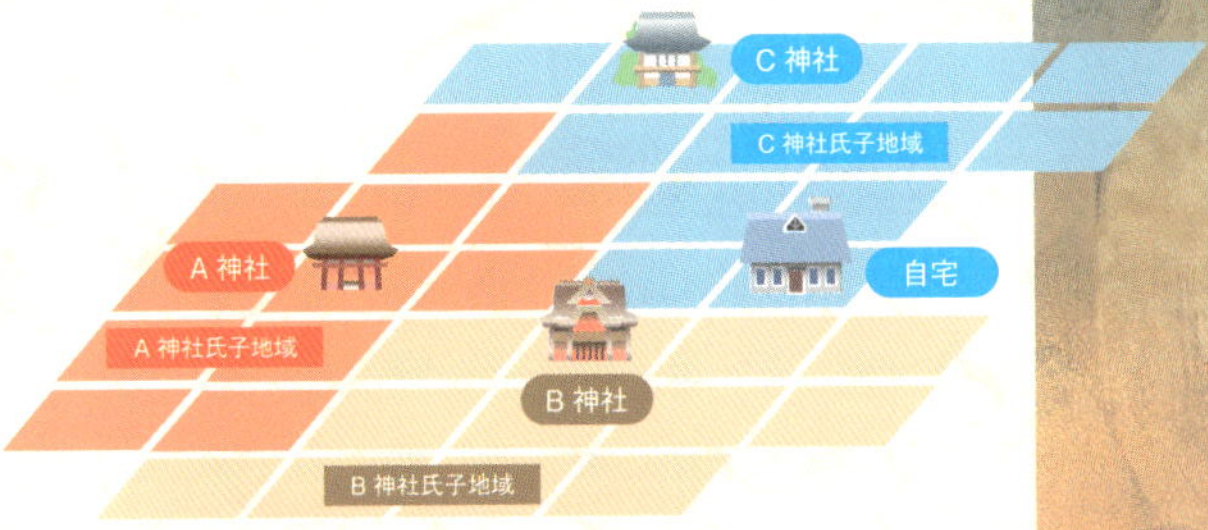

すべての土地に氏神様がいる!

神域である山中などを除いて、人が暮らす地域にはその土地の氏神様がいます。その地域の神主がいる神社に聞けば氏神様を教えてくれます。

神様にも個性がある!

日本の神様の個性はさまざまです。出自や行ったことによってご神徳を発揮する得意分野があります。参拝の前にはどのような神様が祀られているか調べておくといいでしょう。

同じ神様を祀る神社がある理由

総本社　伊勢神宮(三重県伊勢市)

神明信仰(神明神社・神明宮・天祖神社・大神宮)

伊勢神宮に祀られるアマテラスを祀る神社。もともとは皇室による祭祀の対象でしたが、近世に入って一般の人々にも信仰が広がりました。

総本社　伏見稲荷大社(京都府伏見区)

稲荷信仰
(稲荷神社)

稲の魂であるウカノミタマを祀る神社。五穀豊穣、商売繁盛の神様として農民や商人から信仰され、特に江戸には数多くの神社が勧請されました。

分霊しても神様のお力は変わらない

日本には宗教法人登録されているだけで、8万社以上の神社があります。この8万社の神社のすべてに別の神様が祀られているわけではありません。例えば、全国には稲荷神社が3万社以上あります。このほか、八幡神、天神、住吉神など、同じ神様が多くの神社で祀られています。

なぜ同じ神様が多数の神社に祀られているのでしょうか。神話に描かれる神様は人格を持ったひとつの姿で描かれます。しかし、神様は物理

総本社　宇佐神宮（大分県宇佐市）

八幡信仰

（八幡神社・八幡宮）

15代応神天皇やその母・神功皇后などを祀る神社。鎌倉幕府を開いた源氏の氏神として、武士の間で信仰が広がりました。

山王信仰

（日吉神社・日枝神社・山王神社）

山の神であるオオヤマクイとオオモノヌシ（オオクニヌシ）を祀る神社。天台宗と結びつき、江戸時代に山王神道が生まれ、信仰されました。

総本社　日吉大社（滋賀県大津市）

総本社　太宰府天満宮（福岡県太宰府市）

天神信仰（天神社・天満宮）

平安時代に活躍した菅原道真を祀る神社。左遷されて非業の死を遂げた後に天変地異が起きたことから天神とされました。

的な存在ではありません。神様は目に見えない御霊《みたま》として神社に祀られています。

　この御霊はよく炎に例えられます。ローソクの炎を別のローソクに燃え移します。この新しくできた炎がいわば分霊です。この分霊を別の場所に祀ることで新しい神社が創建されます。これを勧請《かんじょう》といいます。こうして日本全国に同じ神様が祀られるようになったのです。

　この考え方は日本の仏教でも同じです。お墓と本家の位牌、分家の位牌でそれぞれ供養が行われますが、供養する対象は一人の故人です。もし参拝したい神社が遠くにありなかなか行けないような場合は、同じ神様が祀られている神社にお参りするのもいいでしょう。

神社で「気」をいただく！

神社参拝の5つのポイント

白鳥詩子

神社では社殿前で祈りを捧げることばかり考えがち。祈りはもちろん大切だが、お願いをする前から大切なポイントがある。

なにか特別な強い願いがあってお参りする際、その神社の神聖な「気」もいただけたら嬉しいですよね。ここではその5つの方法を紹介しています。

1 必ず鳥居をくぐる

鳥居は神様のご神域を外界から守る結界を張っているといわれています。この結界をくぐることで身体の邪気を祓い、神社で「気」を取り入れやすい身体を準備できます。

神社によっては駐車場が拝殿の近くにある場合があります。しかし、きれい好きな神様の前に立つためにも、鳥居をくぐり浄化された清い身体で拝殿に向かいましょう。

2 参道はゆっくり歩く

参道に敷き詰められた玉砂利の「玉」は、神様の力という意味がある「霊《たま》」に通じているといわれています。その神力で境内の神域を守り、拝殿に辿り着くまでの間に身体と心の邪気を祓っています。なにより神前に立つ心の準備を整える時間でもあります。その玉砂利から神力（気）をいただけるよう、参道はゆっくりと平靴で歩くようにしましょう。

3 神様を事前に調べる

願いごとをする前に、自分の名前と住所を言わないと誰の願いかわからないのでは？と気にする方がいますが、一般参拝の場合は、それらはいってもいわなくてもどちらでもよいと神道ではなっています。それよりも願いごとを叶えていただきたい神様の名前を知ってお参りすることのほうが大切です。願いごとは神様の名前を言った後で伝えましょう！　神様に喜んでいただくことをすると、「気」を感じやすくなりますよ。

神社の境内
神社には社殿のほかに、森や池、ベンチ、飲食店などがある場合がある。時間が許す限り境内で「ご神気」に触れよう。

4 なるべく長く境内で過ごす

「気」をいただける量は、参拝時間に比例すると私は感じています。時々、拝殿にお参りしたら、すぐに帰路につく人を見かけます。しかし、「気」をいただきたいのであれば、1分でも長く神社に滞在しましょう。ベンチなどがあれば腰をかけて背筋を伸ばし、深呼吸をしながら「ご神気」を体内に取り入れてみましょう。境内のお食事処を利用するのも◎。

5 昇殿参拝をする

昇殿参拝は拝殿の奥に鎮座する神様により近い場所で行われるため、神聖な「気」をいただきやすくなります。また昇殿参拝後は、神前に供えられた神《しん》饌《せん》(お神酒など)を下げて頂くことができます。これは神様と同じものを頂くこと(神人共食)で、直接、「気」や「神力」を分けていただき、神様と人が一体になり、神様とのご縁を強くする。また、その神力を授かることで加護されるという大変ありがたい意味があります。

なにか特別な強い願いがある時は、ぜひこの5つを試してみてくださいね。

プロフィール

神社開運協会代表。NHK文化カルチャーセンター講師。神社を守る家系に生まれる。巫女の経験を活かし「参拝の作法を学ぶツアー」や、「神さまに愛される開運法」などを書籍や講演で伝えている。著書に『神様が願いを叶えたくなる「神結び」の方法』(学研)、『神社で引き寄せ開運☆』『神さまとつながる100の 開運神社めぐり』(共に三笠書房・王様文庫)ほか。

幸運を引き寄せる！
龍神なぞり描き
(税込1,512円 宝島社刊)

コラム
column

神社にはなぜ鏡が祀られているのか

鏡は神様の依り代であり、自分自身と向き合うツール!

鏡

三種の神器のひとつに八咫鏡があるように、鏡は古くから祭祀道具として使われてきました。

ワンポイント!

幸運に気づけば運気UP

自分の幸運がわかっている人は、さらなる幸運に気がつき、どんどん運気がUPします。神社参拝して、自分の運を見つけましょう。

幸運に気づき運気を上げる場所

神社の祭壇の中心には鏡が置かれていることが多くあります。この鏡は神様が宿る依り代です。神様が宿る依り代には、岩や木などさまざまありますが、鏡もそのひとつです。ではなぜ神社の多くは鏡を祀っているのでしょうか。それは、神様に向き合うことは、自分自身と向き合うことと同じだからです。よく神社ではお願いごとだけではなく、感謝の気持ちを捧げよう、といわれますが、感謝の気持ちを持つことは自分の幸運への気づきにつながります。神様の前で自分自身と向き合い、幸運に気がつき、神様に感謝する。この祈りによって、自分の運を発見して幸運をつかめるようになるのです。

第1章

金運が上がる神社50

金運のご神徳がある神様図鑑

稲魂の神様 ウカノミタマ

●祀られている主な神社●

- 伏見稲荷大社 P20
- 祐徳稲荷神社 P31
- 福徳神社 P32

「ウカ」とは「食物」を表す古語で、稲の魂の神様です。お稲荷さんの神様として有名ですが、稲荷とは「稲生る」がなまったものともいわれています。一粒からいくつもの実がなることから商売繁盛の神様として信仰されています。

神社名に「金」「福」などの文字があるところも

金運をもたらす神様の代表はやはり全国で最も多く分霊されたウカノミタマです。稲の魂の神様であり、小さな粒から多くの実りをもたらす霊力があります。また外来から富が運ばれていることから、海とゆかりが深いエビスや弁財天などの神様が挙げられます。日本では言葉に霊力が宿るとする言霊《ことだま》信仰があります。このことから社名に「金」「宝」「福」などが入った神社も金運神社とされます。

水の女神

弁財天

「財」をもたらす七福神

元々はインドの神様で芸術や学問を得意とする水の女神でした。日本に伝えられると、宗像三女神の１柱イチキシマヒメや龍神と同一視されるようになりました。本来は弁才天と記されていたが、財宝の神様として、弁財天の文字が当てられるようになりました。

●祀られている主な神社●

- 江島神社 P22
- 小網神社 P37
- 銭洗弁財天宇賀福神社 P39

市場・漁業の福神

エビス神

七福神で唯一**日本出身**の神様

福をもたらす七福神のうち、日本出身の唯一の神様です。エビスはイザナギとイザナミの子で海に流された蛭子や、国譲りの際に船をひっくり返して姿を隠したコトシロヌシ、海の彼方から来た小人の神スクナヒコナなどがエビスとされます。いずれも海や漁業にゆかりが深い神様で、のちに市場の神様としても信仰されました。

●祀られている主な神社●

- 西宮神社 P27
- 美保神社 P33
- 今宮戎神社 P36

金運が上がる神社
第1位

全国から奉納された約1万の鳥居を通れば願いが「通る」！

全国3万社の稲荷神社の総本社

伏見稲荷大社

【ふしみいなりたいしゃ】

聖域・稲荷山へと続く鳥居の朱色は魔除けの色とされる

ご利益ポイント

米粒を実らす稲魂の神様！

稲の魂の神様であるウカノミタマを祀る稲荷神社の総本社です。1粒の米粒が多くの米を実らすように財力を何倍にも増やすご神徳があります。

神社データ

開運した人の福がさらにほかの人の運を開く

「いなり」は「稲が生る」に由来する言葉です。711年に秦《はたの》伊《い》呂《ろ》具《ぐ》という人が餅を的にして矢を射ったところ、その餅が白鳥になり稲荷山の峰へ飛んでいき、その地に稲が生えたといわれます。願いが通ったお礼に奉納される鳥居は約1万基あり、福を得た人の幸運がほかの人へとさらにもたらされます。

- 京都府京都市伏見区深草藪之内町68
- JR奈良線稲荷駅から徒歩約1分
- 初午大祭（2月）
  稲荷祭（4・5月）

開運スポット 1

千本鳥居

日本最多の鳥居が並ぶ！

「千本」ではなく実際には神社全域に約1万基あるといわれます。お礼として奉納された鳥居をくぐれば、願いが「通る」とされます。

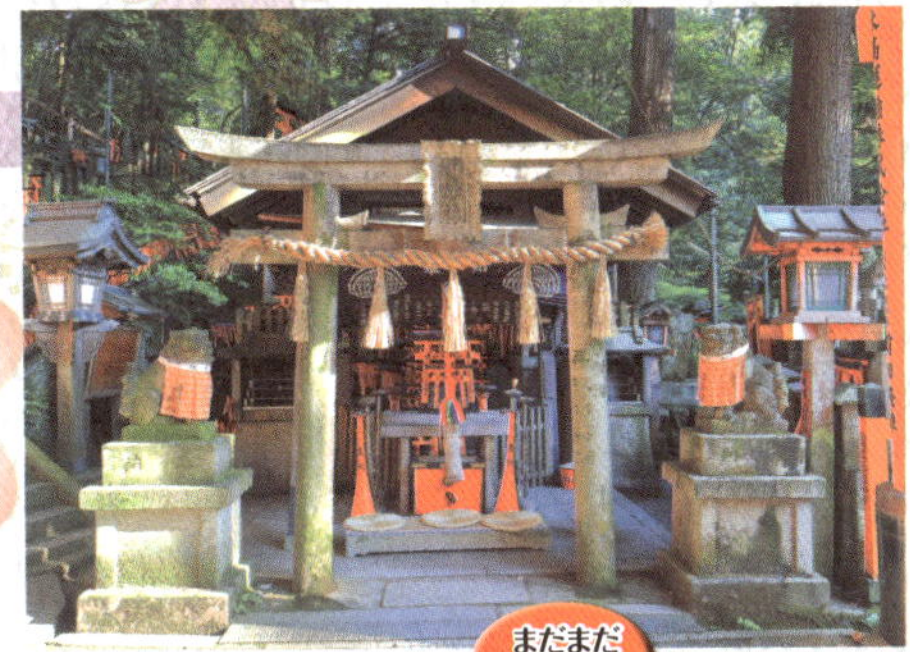

開運スポット 2

熊鷹社

一発勝負にご神徳がある！

勝負ごとや商売繁盛にご神徳がある神社です。社殿近くの新池は手を打った音のこだまの方向に行方不明の人の手がかりがあるとされます。

開運スポット 3

御劔社

運気を上げる霊石がある！

長者社ともいわれ、古代から祭祀が行われていた場所です。劔石（雷石）という巨石を触れば運気がアップするといわれます。

まだまだある！ 開運スポット

おもかる石
持ち上げて軽く感じれば願いが叶う！

根上がりの松
値上りのご神徳があるご神木！

伏見稲荷大社に関わるキーワード

狐
お稲荷さんといえば狐ですが、伏見稲荷大社の狐の中には稲穂、巻物、鍵、玉をくわえているものがあります。

清少納言
有名な著書『枕草子』には「うらやましげなるもの」として、伏見稲荷大社の参拝について記されています。

福参り
2月の初午の日に稲荷山に参拝するとより力強い福が授けられるといわれています。

DATA 所在地 | アクセス | 主な行事

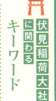

金運が上がる神社 第2位

天女によってつくられた島に鎮座する日本三大弁財天のひとつ！

入り口の瑞心門は龍宮城を模したデザイン！

江島神社【えのしまじんじゃ】

お金を洗えば金運アップ！

ご利益ポイント

弁財天＋龍神で2倍のご神徳！

ともに金運アップに力を発揮する弁財天と龍神の2つの信仰が合わさった聖地のため、金運アップに強力なご神徳を発揮します。

五頭龍と天女の伝説が残る島

湘南の景勝地として有名な江の島の海にはかつて5つの頭を持つ龍が住んでおり、悪行を重ねていました。そこに天女が十五童子を従えて現れて島をつくり、天女に思いを寄せた五頭龍を諭して悪行をやめさせました。五頭龍はその後山に変わったと伝えられます。島の龍穴に天女を祀り創建されたのが江島神社です。

神奈川県藤沢市江の島2-3-8
江ノ島電鉄江ノ島駅から徒歩約20分
初巳例大祭(4月)
古式初亥祭(10月)

開運スポット 1

奉安殿

弁財天が安置されているお堂！

裸弁財天である妙音弁財天（日本三大弁財天）と八臂（はっぴ）弁財天を祀るお堂です。お堂の前には良縁を招く「むすびの樹」があります。

開運スポット 3

岩屋

江の島弁財天のはじまりの地

第一岩屋と第二岩屋があり、かつては多くの僧侶や武将がここに籠って祈願をしました。荒天の時は閉鎖されます。

まだまだある！ 開運スポット

福石
出世運アップの霊石！

龍宮(わだつみのみや)
岩屋本宮（第一岩屋）の真上にある神社！

開運スポット 2

銭洗白龍王

霊水でお金を洗えば金運アップ！

白龍池にそそがれる「黄金浄水」でお金を洗うと、心とお金が浄化され金運が上がるといわれます。巳の年、巳の日にお金を洗うとさらに運気がアップ。

江島神社に関わるキーワード

宗像三女神
江島神社に祀られる3人の女神は海上交通の守護神で、世界遺産・宗像大社に祀られる神様です。幸福・財宝を招き、芸道上達のご神徳があるとされます。

三枚の鱗
鎌倉幕府で活躍した北条時政が岩屋で祈願をしたところ、弁財天が現れて姿を大蛇に変え、三枚の鱗を残して海に消えました。このことから北条家の家紋、江島神社の社紋は三枚の鱗になっています。

縁結び・縁切り
弁財天には縁結びのご神徳があります。また五頭龍の想いを断ち切ったことから縁切りにも力を発揮するとされます。

DATA 所在地 | アクセス | 主な行事

招運来福のご神徳がある金龍に小判をお供えして金運アップ!

金運が上がる神社

第3位

龍が住む深淵がご神体!

田村神社

【たむらじんじゃ】

深淵の上に社殿を建てることは全国的に稀

ご利益ポイント

強力な気を放つ奥殿の龍穴

奥殿の床下の深淵には龍が住むと伝えられます。この淵を覗いた者は絶命するといわれ、厚板で覆われ開かれることはありません。

龍の姿となってこの地に来臨した女神

讃岐平野のほぼ中央に鎮座しており、709年に社殿が創建されたと伝えられます。ご祭神は7代孝霊天皇の皇女・倭《やまと》迹《と》迹《と》日《ひ》百《もも》襲《そ》姫《ひめ》で、奈良県の大神神社の近くの箸墓古墳が陵墓とされます。百襲姫は龍の姿となってこの地に来臨したと伝えられます。またさぬき七福神のひとつとして境内には布袋尊像があります。

神社データ

香川県高松市一宮町286

高松琴平電鉄琴平線一宮駅から徒歩約10分

春季例大祭(5月)
秋季例大祭(10月)

開運スポット1

龍神像

金棒に金の宝珠を持つ龍

社務所で授与される小判を龍神像の足元にお供えすると招運来福のご神徳があるといわれています。

開運スポット3

お迎え布袋尊

福をもたらす七福神像

宝物を詰めた大袋を持った笑門来福の神様で、田村神社はさぬき七福神のひとつ。境内にはこのほかの七福神像もあります。

まだまだある！

開運スポット

大楠
大地の力を吸った奥殿近くの樹齢約800年の大楠！

神池
水の神・龍神を祀る力湧き出る水！

開運スポット2

素婆倶羅社

女性の守護神として霊験あらたか

スクナヒコナを祀る神社で、身体健全や安産などのご神徳があり、特に女性の守護神として信仰されています。

田村神社に関わるキーワード

桃太郎伝説
ご祭神の百襲姫は、桃太郎のモデルとなった吉備津彦の姉にあたります。境内には金のきびだんご袋を持った桃太郎像があります。

袂井
境内の東方にある井戸で、百襲姫がこの地に来臨した際に熱病にかかり、侍女が袂に水を浸して飲ませたと伝えられます。

御旅所
神社から約2キロ離れた地にご祭神が来臨したと伝えられます。

金運が上がる神社
第4位

金華山 黄金山神社

【きんかさん こがねやまじんじゃ】

金産出を記念して創建された金運神社の元祖

3年連続でお参りすれば**お金に困らなく**なる！

島全体が神域とされる日本五大弁財天のひとつ

開運スポット

常夜燈

闇に光をもたらして運を開く！

高さ4.8mの青銅製の常夜燈で、台座は金華山産出の花崗岩で造られており、神域の気に直接触れられます。

まだまだある！

開運スポット

石段
厄を落とす108段の石段！

銭洗所
五大弁財天の霊水でお金を洗って金運アップ！

ご神木
大地の気を吸った樹齢約800年のけやき！

ご利益ポイント

日本で最初の金の産出を記念して創建

この地の国主が黄金を朝廷に献上して奈良の大仏が建立。金の神様・カナヤマヒコ・カナヤマヒメが祀られ、さらに財をもたらす弁財天が守護神となりました。

宮城県石巻市鮎川浜金華山5

JR石巻線石巻駅下車、宮交バス鮎川港下車、船で約20分

初巳大祭(4·5月)
龍神祭(7月)

金運が上がる神社 第5位

毎年福男が選ばれる！ 西宮神社

【にしのみやじんじゃ】

100万人が訪れる十日えびすでは招福の福笹が売られる！

福男選びのゴール地点として有名！

開運スポット

神宮遥拝所

ご神徳をさらに高める！

本殿3棟の中央に祀られるアマテラスが鎮まる伊勢神宮に拝礼する地。神池の中心地に位置し、参拝後に訪れればご神徳が高まります。

まだまだある！ 開運スポット

宇賀魂神社
商売繁盛の神様を祀る！

沖恵美酒神社
本殿参拝後にお参りで◎！

庭津火神社
封土に拝礼して大地の気をもらおう。

ご利益ポイント

「えべっさん」で知られる全国のえびす神社の総本社

開運招福・商売繁盛の神様であるえびす神を祀る神社で、全国のえびす神社の総本社です。1月の十日えびすには約100万人が訪れます。

兵庫県西宮市社家町1-17

阪神電鉄本線西宮駅から徒歩約5分

十日えびす(1月)
例祭 西宮まつり(9月)

DATA 所在地 | アクセス | 主な行事

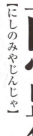

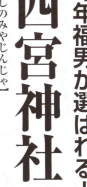

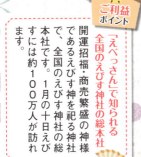

785段の石段を登れば悩みがなくなり運気が開ける！

象頭山は海に面した岬だったと伝えられる

金運が上がる神社 第6位

琴平神社の総本社のこんぴらさん
金刀比羅宮【ことひらぐう】

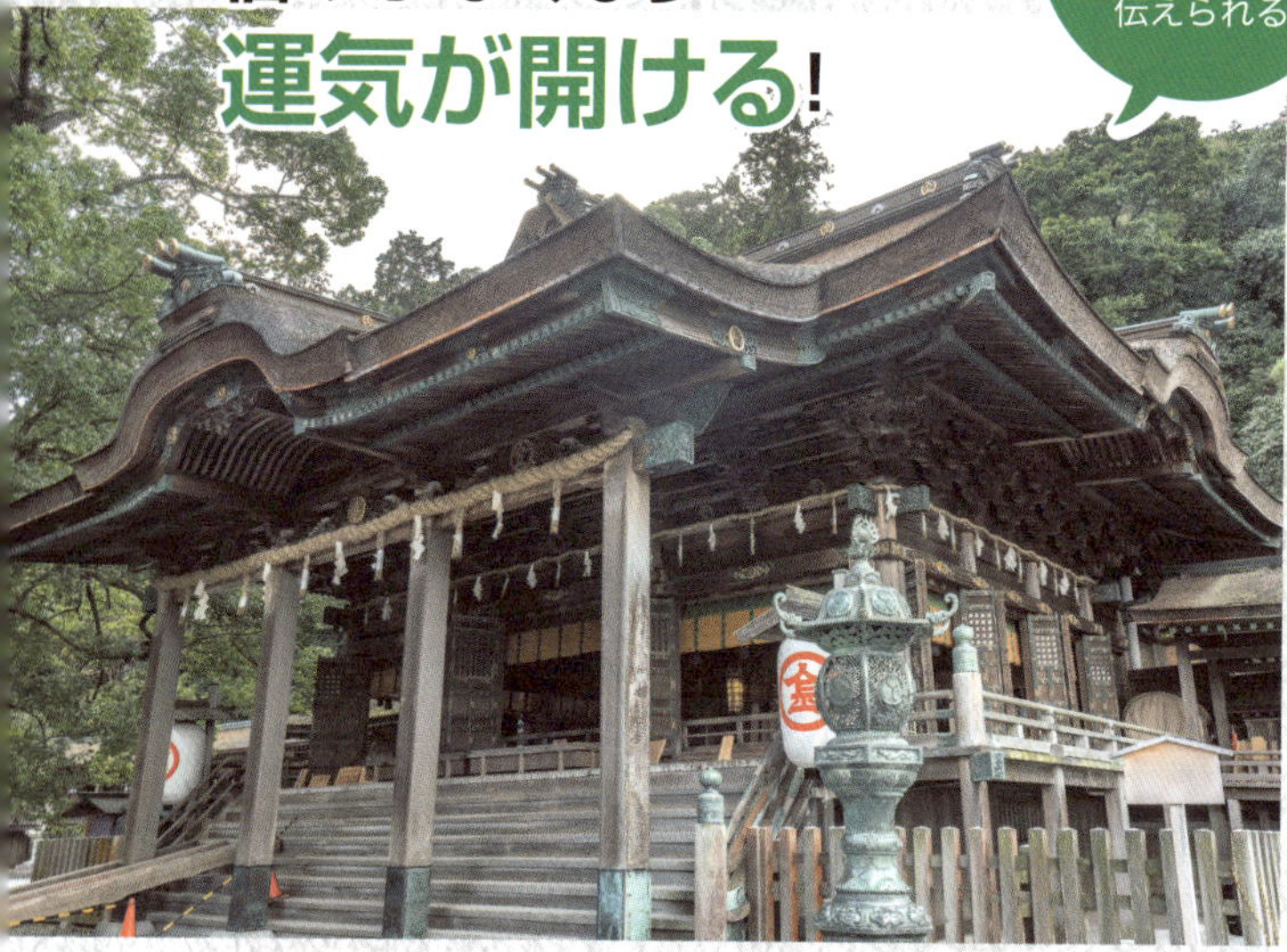

開運スポット

石段

785段の石段を登れば讃岐平野を一望

「786（なやむ）」よりも1段少ない全785段の階段で、登りきれば悩みがなくなり運が開けるとされます。

まだまだある！

開運スポット

厳魂(いづたま)神社(奥社)
全1368段の石段の先にある金刀比羅宮の聖域！

三穂津姫社
ご祭神の妃を祀る！

威徳巖(いとくのいわ)
象頭山の気が集中する場所！

ご利益ポイント

遠くインドの神様が現れた四国屈指の信仰の地

「金刀比羅」はもともとヒンドゥー教においてワニを神格化した神様クンピーラのこと。「金」のご社紋が入った幸福の黄色いお守りが人気。

神社データ

⛩ 香川県仲多度郡琴平町892-1

JR土讃本線琴平駅から徒歩約20分

春季大霊神祭(3月)
秋季大霊神祭(9月)
例大祭(10月)

金運が上がる神社

第7位

船井総研創業者お墨付きの金運神社

新屋山神社

【あらややまじんじゃ】

経営のプロが認めた 金運上昇のご神徳!

富士山を背にして北向きに建てられている

まだまだある! 開運スポット

ご神石

本宮にある霊石で、3回持ち上げておうかがいを立てて感じた重さが変われば、スムーズにものごとが進むといわれる。

開運スポット

奥宮

富士山2合目にある聖地

ハラ(草地)とヤマ(林地)との境にある社です。境界には特別な力が宿るとされます。

ご利益ポイント

霊峰富士山を背にして鎮座する心願成就のご神徳

山の神様を祀り、経営コンサルタントとして成功した船井幸雄氏が「お金に困りたくなかったら富士山のこの神社に行くとよい」と公言しました。

神社データ

⛩ 山梨県富士吉田市新屋1230

📍 富士急行線富士山駅から富士急行バスで新屋公民館入口バス停下車、徒歩約5分

Ⓘ 正月祭(1月) 例大祭(10月)

DATA ⛩ 所在地 | 📍 アクセス | Ⓘ 主な行事

金運が上がる神社

第8位

熊手で知られる酉の市発祥の神社
鷲神社
【おおとりじんじゃ】

下町八福神、浅草名所七福神に数えられる!

酉の市では境内に所狭しと熊手が並ぶ!

開運スポット

なでおかめ
なでる部分でご神徳あり!

鼻をなでれば金運、向かって右の頬をなでれば恋愛成就、左の頬をなでれば健康運のご神徳があります。

まだまだある!　開運スポット

朱塗りの大鳥居
鷲神社のご祭神はアメノヒワシと死後に白鳥に姿を変えたヤマトタケル。鳥にまつわる鳥居にさわればご祭神のご神徳が!

ご利益ポイント

福をかき集める熊手で有名な酉の市発祥の神社

ヤマトタケルが戦勝を祝って熊手をかけてお礼参りをしたことから、11月の酉の日に行われる酉の市では、縁起物をつけた熊手が境内で売られます。

⛩ 東京都台東区千束3-18-7
📍 東京メトロ日比谷線入谷駅から徒歩約7分
❗ 酉の市(11月)

金運が上がる神社

第9位

石壁に立つ九州のお稲荷さん

祐徳稲荷神社【ゆうとくいなりじんじゃ】

西の日光と称される石壁に創建された空中神殿！

石壁と清流に挟まれた気が集中する地

まだまだある！

開運スポット

石壁社
祐徳院が断食をして入定した聖域！

赤鳥居
本殿から奥の院に続く道に並び、通れば「願いが通る」！

岩崎社
本殿真下の縁結びスポット！

開運スポット

命婦社《みょうぶしゃ》

大火を鎮火した白狐を祀る！

1788年に京都御所から花山院邸に燃え移った大火を鎮火した白狐の霊が祀られており、商売繁盛のご神徳があります。

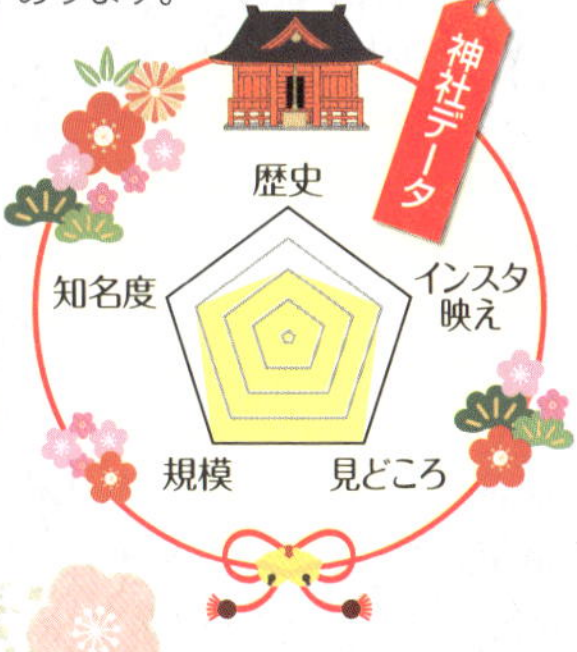

ご利益ポイント

鹿島藩主夫人が断食した石壁山に建つ

鹿島藩主の夫人だった祐徳院が奉斎し、のちに入定（命を全うすること）した神社です。祐徳院は人々から慕われ、時に霊力を発揮しました。

⛩ 佐賀県鹿島市古枝
📍 JR長崎本線肥前鹿島駅から車で約10分
ⓘ 春季大祭（4月）秋季大祭（12月）

DATA ⛩ 所在地 ｜ 📍 アクセス ｜ ⓘ 主な行事

金運が上がる神社

第10位

日本橋再開発の新スポット 運が芽吹く開運神社！

富くじ（現在の宝くじ）の発行を幕府から認可された神社

「福」と「徳」を兼ね備えた開運神社

福徳神社【ふくとくじんじゃ】

まだまだある！

開運スポット

薬祖神社
五條天神社から遷座された神社で、無病息災のご神徳あり！

福徳の森
日本橋エリアでは貴重な自然に触れて運気をアップ！

開運スポット

鳥居

「芽吹稲荷」の別名の象徴！

江戸時代にあった鳥居から新芽が出ていたことから、二代将軍徳川秀忠が「芽吹」と命名したと伝えられます。現在の鳥居は2014年に建立。

ご利益ポイント

縁起のよい社名と富くじ発行の歴史

「福」と「徳」の社号を持ち、さらに芽吹稲荷の異名の縁起のよい神社。江戸時代には富くじを発行していたことから、宝くじ当選のご神徳があると人気です。

神社データ

- 東京都中央区日本橋室町2-4-14
- 東京メトロ銀座線・半蔵門線三越前駅から徒歩約1分
- 初午（2月）例大祭（5月）

美保神社《みほじんじゃ》

オオクニヌシの御子を祀る えびす様の総本宮

神様が
左右にならぶ
大社造

まだまだある! 開運スポット

御霊石（おたまいし）
石をなでるとお腹の子が健康に。

大鼕（おおどう）
樹齢約1000年の欅で作った大太鼓。

開運スポット

御神竹（ごしんちく）

御種から生じたと伝わる竹

願い通りの作物になるという神聖な籾種「御種」から生えたという竹。諸願成就のご神徳あり。

ご利益ポイント

ご祭神は商売の神

全国に3000社以上あるえびす社の総本宮で、商売繁盛のご利益抜群。50円以上奉納で頂ける福種銭を使うと大きな福となり返ってくるといわれています。

⛩ 島根県松江市美保関町美保関608
📍 JR境線境港駅から車で約20分

聖神社《ひじりじんじゃ》

日本初の貨幣 和同開珎ゆかりの神社

社殿の横には
巨大な
和同開珎が

まだまだある! 開運スポット

宝物庫
天皇下賜の百足（むかで）像を保管。

和銅出雲神社
もとの本殿を移築した由緒ある建物。

開運スポット

和同開珎モニュメント

高さはなんと5メートル！

自然銅の採掘露天跡近くにある巨大モニュメント。本殿参拝のあとに巡れば金運アップ間違いなし。

ご利益ポイント

日本貨幣発祥の地

ここで自然銅が発見されたことが和同開珎製造につながります。日本最古級の金運神社です。周辺の歴史を学ぶ史跡巡りツアーでさらにご利益アップ。

⛩ 埼玉県秩父市黒谷2191
📍 秩父鉄道和銅黒谷駅より徒歩5分

DATA ⛩ 所在地 | 📍 アクセス

毛谷黒龍神社《けやくろたつじんじゃ》

日本四大明神のひとつ 北陸屈指の古社

天井に「和」の文字をアレンジした大扁額が

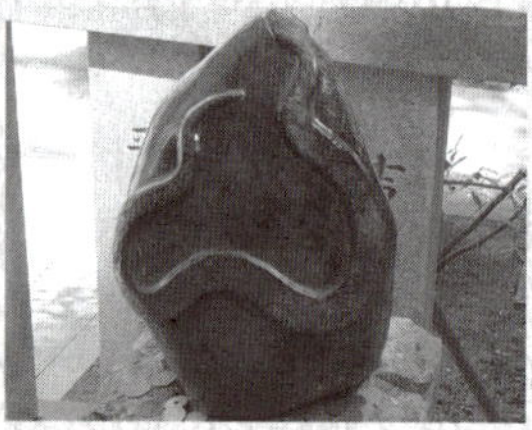

まだまだある! 開運スポット

さざれ石
君が代にも歌われる縁起のよい石。

厄割り石
厄を移した盃を割って悪運退散。

開運スポット

幸運の撫で石

幸運と富をもたらす小龍

ご祭神（龍神）のお使いとされる小龍（蛇）が彫刻された石。撫でるとさまざまなご利益が。

ご利益ポイント

北陸開拓の神様

継体天皇が越前平野の治水工事をしたとき創建したという古社です。越前松平家も崇敬しました。福井空襲でも焼失を免れた強力な聖地といわれます。

⛩ 福井県福井市毛矢3-8-1
📍 福井駅より車で10分

皆中稲荷神社《かいちゅういなりじんじゃ》

皆な中（あた）るの名の通り 百発百中のご神徳

明治天皇も褒めた大久保ツツジの名所

まだまだある! 開運スポット

明治天皇御製歌碑
明治天皇が当地の賑わいを歌に。

境内のツツジの木
4月にはつつじ祭りが行われる。

開運スポット

絵馬台

当選報告の絵馬がズラリ

宝くじからライブチケットまでさまざまな「当選お礼」の絵馬が並びます。

ご利益ポイント

願いごとを的中

武士がこの稲荷の夢をみて鉄砲の名手になったことから「当ててくれる」神社として有名に。チケット当選にもご神徳ありと全国から参拝者が来ます。

⛩ 東京都新宿区百人町1-11-16
📍 JR新大久保駅より徒歩1分

金櫻神社《かなざくらじんじゃ》

武田家も信仰した黄金の桜が咲く神社

本殿を守る
昇龍・降龍の
彫刻に注目

まだまだある！ 開運スポット

招福大黒天

樹齢約2000年の杉を彫った大黒天。

ご神水

明治以前から湧出しているご神水。

開運スポット

金桜

金の成る木のうこん桜

民謡にも歌われる銘木。黄金色の花を咲かせる珍しい品種の桜で、みるだけでお金が貯まりそう。

ご利益ポイント

ご神体は水晶玉

ご神体は本宮のある金峰山から採れた水晶玉で、水晶発祥の神社とも呼ばれます。うこんの桜が満開になる春に参拝すると金運のご神徳も倍増とか。

⛩ 山梨県甲府市御岳町2347

📍 JR甲府駅より車で30分

笠間稲荷神社《かさまいなりじんじゃ》

茨城県の初詣客No.1 日本三大稲荷の一社

江戸時代末期に
建立された本殿
は国重要文化財

まだまだある！ 開運スポット

藤棚

樹齢約400年の藤からパワーget！

聖徳殿

常陸七福神の大黒天も祀られる。

開運スポット

狐塚

神狐像の「お塚」

神のお使い・神狐の像により築かれた「お塚」。この狐たちが神様に願いを取り次いでくれます。

ご利益ポイント

日本三大稲荷

三大稲荷の中で唯一関東の神社。歴代笠間藩主たちは信仰するあまり国替え後にも分霊を頂き自分の邸内に祀ったため、全国的に分社が増えました。

⛩ 茨城県笠間市笠間1

📍 JR水戸線笠間駅から徒歩20分

DATA ⛩ 所在地 | 📍 アクセス

今宮戎神社《いまみやえびすじんじゃ》

福むすめが集う大阪の「えべっさん」

十日戎の期間は境内が笹でいっぱいに

まだまだある! 開運スポット

大黒社
えびす様の父・オオクニヌシを祀る社。

三ツ鳥居
三つの鳥居が一体の珍しい様式。

開運スポット

本殿裏

裏手からもう一度お願い

えびす様は耳が遠いため、参拝後裏に回って再度お願いします。十日戎にはドラを叩きます。

ご利益ポイント

十日戎の福笹

「商売繁盛で笹もってこい」の掛け声で有名な一月の十日戎には、福笹に縁起物をつけて祈願。大阪でも最強の商売運を授かれる3日間となります。

⛩ 大阪府大阪市浪速区恵美須西1-6-10
📍 南海高野線今宮戎駅降りてすぐ

金王八幡宮《こんのうはちまんぐう》

春日局も信仰した出世開運の神様

春日局が奉納渋谷区の指定文化財

まだまだある! 開運スポット

御嶽社狛犬
香雪神社から移設された。

金王桜
江戸三名桜に数えられた希少な桜。

開運スポット

金王丸御影堂

渋谷金王丸の木像を安置

年に一度だけ特別公開される渋谷金王丸の木像を祀った御影堂は境内でも別格の聖域。

ご利益ポイント

将軍様の出世神社

創建は平安時代。三代将軍徳川家光は春日局が祈願したおかげで将軍の座を得ることができたという逸話から、出世開運の強力なご利益でしられます。

⛩ 東京都渋谷区渋谷3-5-12
📍 渋谷駅より徒歩7分

宝当神社《ほうとうじんじゃ》

唐津湾に鎮座する宝くじ必当の神社

社殿の壁には
高額当選お礼の
手紙がびっしり

まだまだある！ 開運スポット

裏参道
ご祭神をより近くからお参りできる。

塩屋神社
高島の氏神様。神社から約5分。

ご利益ポイント
億万長者になれる!?
縁起のよい社名にあやかり参拝した人から高額当選者が続出。今や年間約20万人が訪れる宝くじ当選祈願マスト神社に。必当お守りは郵送での購入も可。

開運スポット

本殿

ご祭神・野崎綱吉が眠る

野崎隠岐守綱吉の遺体を弔った上に祠を建て島の大権現として祀ったのが神社のはじまり。

⛩ 佐賀県唐津市高島523
📍 宝当桟橋より船で10分

小網神社《こあみじんじゃ》

映画にも登場した都内の強運神社

日本橋で唯一
戦前から残る
貴重な神社建築

まだまだある！ 開運スポット

神楽殿
とても珍しい五角形をした神楽殿。

福禄寿像
徳を授ける日本橋七福神の一柱。

ご利益ポイント
太田道灌が命名
町名のもとでもある小網の名は太田道灌が命名。戦時中、神社のお守りを持った兵士は全員無事生還したといわれ、強運厄除けの神様としても有名に。

開運スポット

銭洗いの井

東京の銭洗い弁天

弁天像が置かれた井戸の水でお金を洗い清めると財運を授かる、別名東京の銭洗弁天。

⛩ 東京都中央区日本橋小網町16-23
📍 東京メトロ日比谷線人形町駅より徒歩5分

DATA ⛩ 所在地 ｜ 📍 アクセス

宝登山神社《ほどさんじんじゃ》

ヤマトタケルの危機を救った神犬が護る聖なる山

開運スポット

みそぎの泉
ヤマトタケルが身を清めた霊泉。

奥宮
山頂に鎮座するご祭神ゆかりの聖域。

ご利益ポイント

火止山から宝登山へ
金運にご利益のある縁起のよい名前。境内には宝玉稲荷神社も。

埼玉県秩父郡長瀞町長瀞1828
秩父鉄道長瀞駅より徒歩10分

南宮大社《なんぐうたいしゃ》

全国の鉱山、金属業の神様の総本宮

開運スポット

石輪橋
神様だけが通れる神聖な石橋。

聖武天皇行幸曳常泉
神界の霊気を引き寄せる泉。

ご利益ポイント

ご祭神は金属の神
金属を司るカナヤマヒコを祀る美濃国一宮。摂社末社もパワーが強い。

岐阜県不破郡垂井町宮代1734-1
JR東海道本線垂井駅より徒歩20分

闘鶏神社《とうけいじんじゃ》

一社で熊野三山の神様をお参りできる別宮的存在

開運スポット

大楠
樹齢約1200年の巨木。

競馬記念碑
境内での競馬行事を記念する碑。

ご利益ポイント

鶏を戦わせた故事
源平の勝敗を闘鶏で占った故事から勝負の神様として信仰されています。

和歌山県田辺市東陽1-1
JR紀勢本線紀伊田辺駅より徒歩5分

大宝八幡宮《だいほうはちまんぐう》

奈良時代から鎮座する関東で最も古い八幡宮

開運スポット

青龍権現社
大宝沼の白蛇を祀ったという社。

黒鳥神社
オオクニヌシを祀る珍しい名の社。

ご利益ポイント

縁起のよい社名
社名は大宝元年創建という歴史から。当選専門祈願もしています。

茨城県下妻市大宝667
関東鉄道常総線大宝駅より徒歩3分

御金神社《みかねじんじゃ》

金色の鳥居が輝く
金運・資産運用の神様

開運スポット

金の鳥居
鉄鳥居全体に金箔が貼られる。

黄金の鈴緒
本殿の鈴緒もピカピカの黄金色。

ご利益ポイント
京都市内の金運神社
境内のあちこちに金色が施され、参拝者の金運を押し上げてくれます。

⛩ 京都府京都市中京区西洞院通御池上ル押西洞院町618
📍 京都市営地下鉄東西線二条城前駅より徒歩5分

金持神社《かもちじんじゃ》

その名もズバリ
お金持ちへのご利益神社

開運スポット

参道の石段
樹齢約600年の木々が並ぶ。

金持党発祥之地碑
縁起のよい「金持」姓発祥の地。

ご利益ポイント
金運グッズも豊富
神社売店限定の「棚からぼた餅」を食べれば、さらに金運上昇も。

⛩ 鳥取県日野郡日野町金持1490
📍 JR伯備線根雨駅より車で8分

城上神社《きがみじんじゃ》

石見銀山を見守ってきた
鳴き龍の天井画で運気UP

開運スポット

亀石
自ら動いた伝説を持つ神秘の石。

境内の祠
ハートのついた祠は恋愛運UP!

ご利益ポイント
鳴き龍を体験しよう
天井の鳴き龍の下で手を叩くと、清冽な反響音で心身が浄化されます。

⛩ 島根県大田市大森町イ-1477
📍 JR山陰本線大田市駅より車で30分

銭洗弁財天宇賀福神社《ぜにあらいべんざいてんうがふくじんじゃ》

霊水でお金を洗えば
何倍にもなってリターン

開運スポット

奥宮
霊水の湧き出る本宮脇の洞窟。

水神宮
水の神を祀る上下2つの社。

ご利益ポイント
霊泉で銭洗
お金は清い心で洗わないとご利益を得られないそうなので注意。

⛩ 神奈川県鎌倉市佐助2-25-16
📍 JR横須賀線鎌倉駅より徒歩約18分

DATA ⛩ 所在地 | 📍 アクセス

兜神社《かぶとじんじゃ》

東京証券取引所を守る
三井家ゆかりの神社

開運スポット

銀行発祥の地
神社近くに第一国立銀行創立地。

兜岩
平将門の兜をかけたとも伝わる。

ご利益ポイント

証券界の守り神

三井家が福神社から分霊。約１４０年間日本の証券を見守る神社。

⛩ 東京都中央区日本橋兜町1
📍 地下鉄日本橋駅より徒歩6分

宝頭神社《ほうとうじんじゃ》

大物相場師たちが信仰した
伝説の「相場の神様」

開運スポット

龍光寺
同市内の龍伝説ゆかりの寺。

野崎観音
野崎参りで有名な同市内古寺。

ご利益ポイント

野村證券ゆかりの社

小さな祠ながら、野村證券創業者の野村徳七が信仰したことで有名。

⛩ 大阪府大東市野崎1-13
📍 JR学研都市線野崎駅より徒歩4分

秩父今宮神社《ちちぶいまみやじんじゃ》

武甲山からの清水が湧く
龍神をまつった神社

開運スポット

龍神池
龍神の化身である霊泉が湧出。

龍神木
別名千年欅とも呼ばれる巨樹。

ご利益ポイント

八大龍王の宮

修験道開祖・役行者が龍神を祀り、秩父修験中心地となったとされます。

⛩ 埼玉県秩父市中町16-10
📍 秩父鉄道御花畑駅より徒歩7分

湯島天満宮《ゆしまてんまんぐう》

富くじ興行が行われていた
宝くじと縁深い神社

開運スポット

銅鳥居
都文化財。くぐると金運UP!

王貞治努力の碑
国民栄誉賞第一号記念の石碑。

ご利益ポイント

江戸の三富

幕府公認の三富くじのひとつの神社。現在でも当選のご神徳が。

⛩ 東京都文京区湯島3-30-1
📍 東京メトロ千代田線湯島駅より徒歩2分

金蛇水神社《かなへびすいじんじゃ》

伝説の刀匠三条宗近作
巳(ヘビ)の像がご神体

開運スポット

御霊地
かつて七色の水が湧いた池。

金蛇弁財天社
財運と技芸UPを司る女神の社。

ご利益ポイント
金・財運づくしの社
名工の手になる蛇像をご神体とし、金運や商売のご神徳が強い。

⛩ 宮城県岩沼市三色吉字水神7
📍 JR岩沼駅より車で10分

天河大弁財天社《てんかわだいべんざいてんしゃ》

縁がないと辿り着けない
奈良の秘境にたたずむ聖地

開運スポット

五十鈴
三連の鈴の音が魂を浄化する。

奥宮弥山(みせん)神社
大峰山系屈指の聖地といわれる。

ご利益ポイント
まさに秘境の聖地
三大弁財天にも数えられ、金運以外もさまざまなご神徳がある神社。

⛩ 奈良県吉野郡天川村坪内107
📍 近鉄吉野線下市口駅より車で40分

名草厳島神社《なぐさいつくしまじんじゃ》

巨石群に囲まれた
弘法大師ゆかりの弁天

開運スポット

御供石
巨石をくぐる胎内巡りを体験。

御船石
奥の院の磐座とされる神聖な石。

ご利益ポイント
足利七福神の一社
巨石の胎内巡りは安産・子宝祈願のご神徳でも信仰されています。

⛩ 栃木県足利市名草上町4990
📍 JR両毛線足利駅より車で50分

茂宇気神社《もうけじんじゃ》

商売繁盛間違いなしの
「もうけ」の神様

開運スポット

石段
巨樹に囲まれた石段で気を吸収。

二の鳥居
自然と同化した苔むした鳥居。

ご利益ポイント
「儲け」と「茂る気」
儲けに通じる社名に全国から参拝者が。気が茂るという解釈も。

⛩ 鳥取県鳥取市鹿野町河内
📍 JR山陰本線浜村駅より車で14分

DATA ⛩ 所在地 | 📍 アクセス

太平山三吉神社《たいへいさんみよしじんじゃ》

神となった武将を祀る
坂上田村麻呂ゆかりの神社

開運スポット

奥宮
秋田有数の霊峰太平山頂に鎮座。

宮比神社
坂上田村麻呂を祀る境内社。

ご利益ポイント

勝負の神となった武将

ご祭神は土地の城主で勝負ごとの神様。秋田藩主にも信仰されました。

所在地：秋田県秋田市広面字赤沼3の2
アクセス：JR秋田駅より車で6分

真清田神社《ますみだじんじゃ》

信長を輩出した
尾張の一宮

開運スポット

神水舎
明治天皇も飲まれたご神水。

三明神社
ご祭神の荒魂を祀る別宮。

ご利益ポイント

八頭八尾が現れた地

アマテラスの孫を祀る神社。弘法大師が龍神を呼び出した伝説が残ります。

所在地：愛知県一宮市真清田1-2-1
アクセス：JR東海道本線尾張一宮駅から徒歩約8分

十番稲荷神社《じゅうばんいなりじんじゃ》

麻布十番の氏神様
港七福神宝船の神社

開運スポット

宝船
七福神が集合した宝船の石像。

石かえる
大火を消した伝説の大蛙の姿。

ご利益ポイント

バブル景気も知る社

人気タウン麻布十番の氏神。境内に七福神を乗せた宝船があります。

所在地：東京都港区麻布十番1-4-6
アクセス：地下鉄麻布十番駅よりすぐ

金長神社《きんちょうじんじゃ》

映画会社を救った狸を
祀る金運・芸能のご利益社

開運スポット

本宮
1939年日峰(ひのみね)山中に建立。

狸の石像
境内には大小さまざまな狸像。

ご利益ポイント

ヒットを生む狸様

狸映画の大ヒットで倒産を免れた社長が、お礼に建立した神社。

所在地：徳島県小松島市中田町脇谷
アクセス：JR牟岐線南小松島駅より徒歩18分

DATA 所在地｜アクセス

まだまだある金運が上がる神社

代々木八幡宮《よよぎはちまんぐう》	東京都渋谷区 代々木5-1-1	東京メトロ千代田線 代々木公園駅より 徒歩5分	お参りするとブレイク必至。 芸能人が続々参拝する神社。
穴八幡宮《あなはちまんぐう》	東京都新宿区 西早稲田2-1-11	東京メトロ東西線 早稲田駅より徒歩3分	金運上昇の一陽来復守は、 冬至～節分までの限定授与。
宝禄稲荷神社《ほうろくいなりじんじゃ》	東京都新宿区 原町3-19	都営大江戸線 牛込柳町駅より 徒歩3分	外れくじ供養の神社。 宝禄狐像に触れると金運大。
上神明天祖神社《かみしんめいてんそじんじゃ》	東京都品川区 二葉4-4-12	都営浅草線中延駅 より徒歩5分	金運にご利益最強の白蛇の 神をお祀りする神社。
岡崎神社《おかざきじんじゃ》	京都市左京区 岡崎東天王町51	地下鉄東西線蹴上駅 より徒歩15分	珍しい招き兎の像に願うと 金運を引き寄せてくれます。
岩国白蛇神社《いわくにしろへびじんじゃ》	山口県岩国市 今津町6-4-2	JR山陽本線岩国駅 より徒歩21分	300年以上の歴史を持つ岩 国の白蛇信仰。境内は白蛇 だらけ。
鉾持神社《ほこじじんじゃ》	長野県伊那市 高遠町西高遠1600	JR飯田線伊那市駅 より車で15分	境内から霊鉾が出土。縁起 のよいだるま市もさかん。
大前神社《おおさきじんじゃ》	栃木県真岡市 東郷937	真岡鉄道北真岡駅 より徒歩14分	大えびす像や純金釜などが ある金運と当選の神社。
三光稲荷神社《さんこういなりじんじゃ》	愛知県犬山市 犬山北古券41-1	名鉄犬山駅より 徒歩17分	銭洗池で洗ったお金が何倍 にもなって返る「倍返し」神 社。
金龍神社《きんりゅうじんじゃ》	奈良県奈良市 春日野町160	JR奈良駅より 車で10分	春日大社境内社。金龍大神 が金運と福を呼び寄せます。

コラム
column

願いが叶う！参拝のポイント⑤

氏神神社はあなたのことをよく知る身近な神様！

ポイント1 氏神神社に参拝しよう！

Step1 まずは氏神様に祈願する。

Step2 次に願意ごとに好きな神社で祈願する。

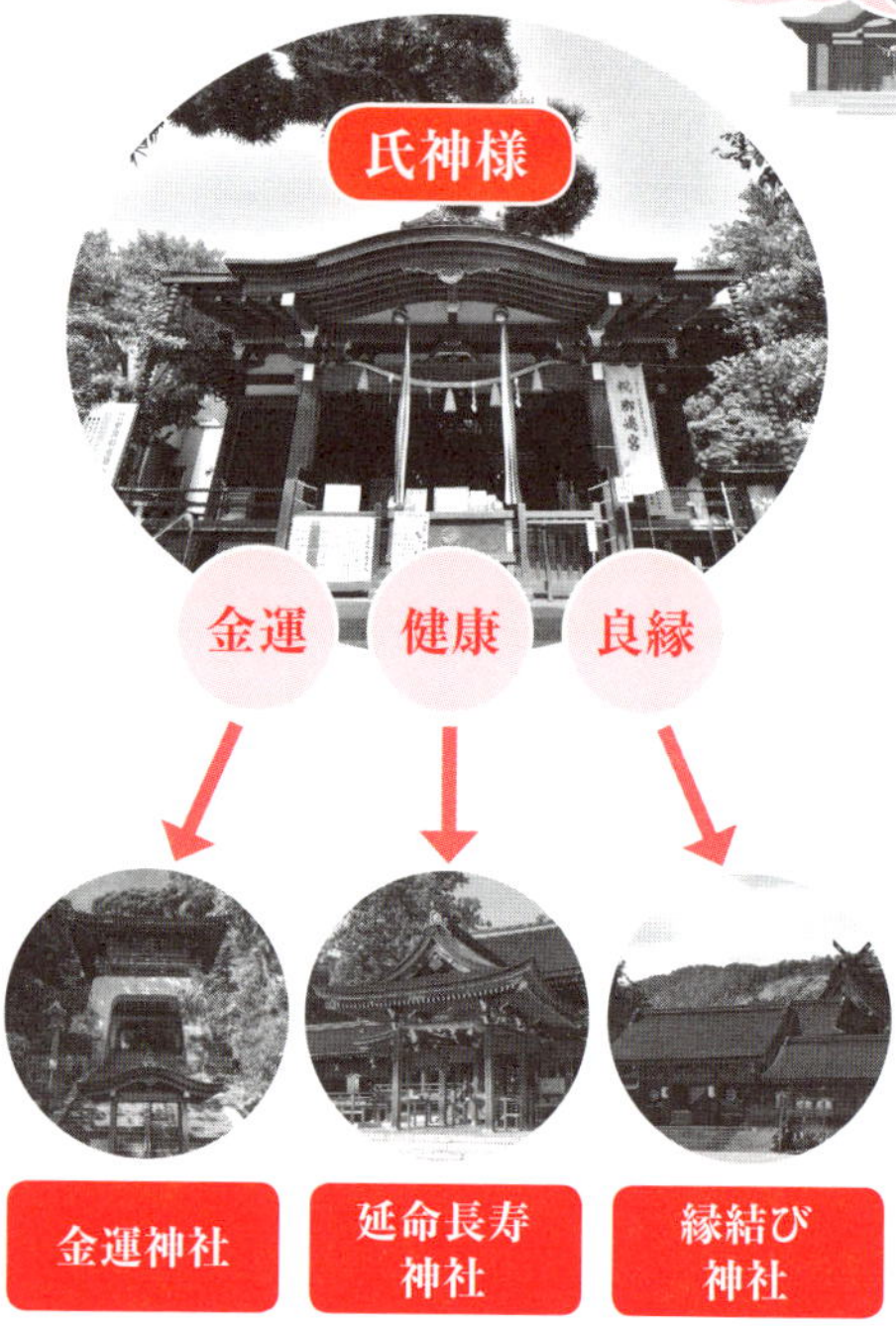

自分をよく知る氏神様にまず参拝

お願いごとをする時、やはり有名な神社でお願いしてみたいと思うはず。しかし、まずは自分をよく知る神様にお願いごとをしましょう。何か悩みがあった時には、いきなり医者や弁護士といったその道のプロにお願いすることはありませんよね。まずは親や親友など、自分のことをよく知っている身近な人に相談するはずです。この親しい人にあたるのが氏神様です。親しい人に相談した上で、今度はその道のプロに相談することもあるはずです。セカンドオピニオン、サードオピニオンを受けるのと同じように、ひとつの祈願をいくつもの神社で行うことは問題ありません。

二礼二拍手一礼の時には 祈らずに拝礼に集中しよう!

ポイント❷ お祈りは お賽銭を入れる 前にするのが◎

社頭参拝のお賽銭　　正式参拝の玉串

玉串と同じようにお賽銭に気を込める

正式参拝では玉串に願いを込めて神前にお供えして二礼二拍手一礼を行います。賽銭箱の前でも玉串をお賽銭に置き換えて行うといいでしょう。

正式参拝と同じ 手順で祈願をする

多くの人は祈願をするのは、二礼二拍手一礼の作法のうち二拍手をした際に拍手をした手を合わせたまま祈りを捧げます。これも間違いではありませんが、二礼二拍手一礼の前にお賽銭をひたいの近くに上げて祈りを込めて賽銭箱に入れ、それから手を合わせて祈らずに二礼二拍手一例の作法をするといいでしょう。なぜならばこれが正式参拝の玉串の奉納と同じ手順になるからです。二礼二拍手一礼は神様への敬意を表す作法ですから、お供え物であるお賽銭に願いを込めて奉納し、それから心を込めて二礼二拍手一礼の作法をしましょう。

過去・現在・未来の自分の姿を神様に伝えてご神徳をいただこう!

ポイント3
お祈りは、感謝、願望、決意の3つを伝える！

参拝の作法

Step1
軽く一礼をしてから賽銭箱の前に立つ。

Step2
お賽銭をひたいの前に掲げて、住所と氏名、感謝・願望・決意を心の中で念じてお賽銭に気をこめる。

Step3
お賽銭を賽銭箱に入れる。

Step4
姿勢を正して、二礼二拍手一礼の作法を行う。すでに祈願をすませているので、真っさらな気持ちでしっかりと行う。

Step5
軽く一礼をして賽銭箱の前から離れる。

過去の感謝と未来の努力も伝える

神社でご祈願する際には、神様のお力で願いごとを叶えてほしいと思うものです。しかし、すべてを神様まかせにしてもよい結果は得られません。まずは感謝の気持ちを伝えましょう。そのためには、自分の幸運に気がついていなければできません。感謝を伝えることで、自分の過去を振り返ることになるのです。次に現在の自分の願いを伝えます。本音でOKです。神様の前では正直に自分の願望を明かしましょう。そして、その願いに対する自分の決意を最後に伝えます。神様の前で未来の自分に対して約束をするわけです。過去・現在・未来の自分を伝え、神様のご加護をお願いするのです。

神様に近い社殿の中で神主から**お願いごと**を伝えていただく!

ポイント4 特別な祈願のときは正式参拝しよう!

玉串の供え方の作法

Step1 神主から玉串を受け取る。

Step2 左手を根元の右手にそえて玉串を立てる。

Step3 ひたいの前で玉串に願いを込める。

Step4 右手を玉串の葉の方にそえて玉串を時計回しする。

Step5 玉串の根元を神前に向けてお供えする。

あらゆる願意をお願いできる

参拝には、お賽銭箱の前でお参りをする社頭参拝と、神主からお祓いを受けて祈願内容を神様にお伝えいただく昇殿参拝があります。昇殿とは、社殿に入る（昇る）という意味です。昇殿参拝は正式参拝ともいわれます。祈願内容は、宣命体《せんみょうたい》と呼ばれる独特な言葉で祝詞として読み上げられます。祝詞奏上後、お賽銭ではなく玉串をお供えします。玉串はひたいの前で願いを込めてから時計回しして根元を神前に向けて台にお供えします。ほとんどの神社で商売繁盛や病気平癒など、あらゆる祈願をお願いできます。どの祈願内容かわからない場合は、「このような祈願がしたい」と聞いてみるといいでしょう。

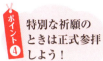

神様とよりよいご縁を築き将来にわたってご加護をいただこう!

ポイント5 お礼参りは必ずしよう！

正式参拝の流れ

Step1 申し込み

社務所に申し込みます。個人や少人数の場合は予約なしで正式参拝を受けられる場合もあります。

Step2 昇殿

名前が呼ばれたら、昇殿して神主からお祓いを受けます。神主の指示に従って軽く頭を下げます。

Step3 祝詞奏上

祈願内容を祝詞で読み上げられます。祝詞が読み上げられている間は軽く頭を下げましょう。

Step4 玉串拝礼

神主の指示に従って玉串を受け取り、神前で願いを込めてお供えします。(人数が多い場合は代表者のみ)

Step5 直会

正式参拝後にお神酒を神前に向けていただきます。授与品などを受け取り終了となります。

神社の祈願はお礼参りとセット

お願いごとがある時は熱心にお参りをするものですが、お願いごとが叶った後に神様に感謝を伝えることは忘れがちです。しかし、助けてもらったのにお礼もいわないのは人間関係でもＮＧなように神様にもとても失礼です。願いごとが叶った時には神社にお礼の参拝をしましょう。社頭参拝（賽銭箱の前の参拝）でもいいですが、大きなお願いごとが叶った際には、「神恩感謝」の正式参拝をすることをおすすめします。お礼参りをすることで、神様とのよりよいご縁を築くことができます。また縁結びや健康などは生涯に渡って続くものです。お礼を伝えて変わらぬご加護をお願いしましょう。

第2章

健康長寿が叶う神社50

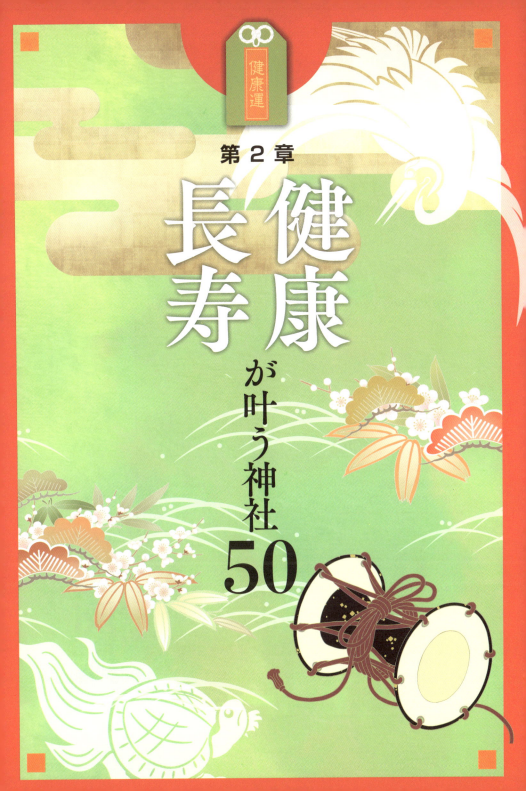

健康長寿のご神徳がある神様図鑑

すべての福の元となる健康に関する神様は多様

どの年代でも最も大切なものは健康です。そのため、神社では知らずについた厄祓いを行っています。厄祓いで有名な神社は、健康運アップの神様とされます。その代表格がスサノオです。日本は長寿大国ですが、古くから老人の姿をした白鬚様の信仰があり、東北では塩土老翁《しおつちのおじ》、関西では武内宿禰が祀られています。また病気平癒では、医薬をもたらした小人・スクナヒコナが信仰されています。

医薬の神様
スクナヒコナ

オオクニヌシが国づくりを行う際に、海の彼方からやってきた神様で手のひらに乗るほど小さかったと伝えられます。小さな体とは裏腹に、多くの知識を持った神様であり、医薬の知識をもたらしました。

●祀られている主な神社●

- 少彦名神社 P65
- 潮御崎神社 P68
- 酒列磯前神社 P68

長寿の神様

白鬚様

白髭の老人
の姿の神様！

日本の神様の中には、長寿の象徴である長い白髭をたくわえた老人の姿をした神様がいます。約300歳まで生きて5代の天皇に使えた武内宿禰、海の潮の流れを司る塩土老翁（シオツチノオジ）、またはサルタヒコなどが白鬚様として祀られています。

●祀られている主な神社●

- 武雄神社 P56
- 白鬚神社 P59

厄除けの神様

スサノオ

ヤマタノオロチを退治するなど、強力な力を持つスサノオは、罪穢れを祓い疫病を止める力があるとされます。スサノオをもてなした蘇民将来に茅の輪を授けて疫病から免れさせた故事が残り、6月と12月の茅の輪くぐりは、これに由来します。

荒々しい力
で疫病を
止める！

●祀られている主な神社●

- 八坂神社 P52
- 素盞雄神社 P69

蘇民将来子孫也の故事から
無病息災のご神徳あり!

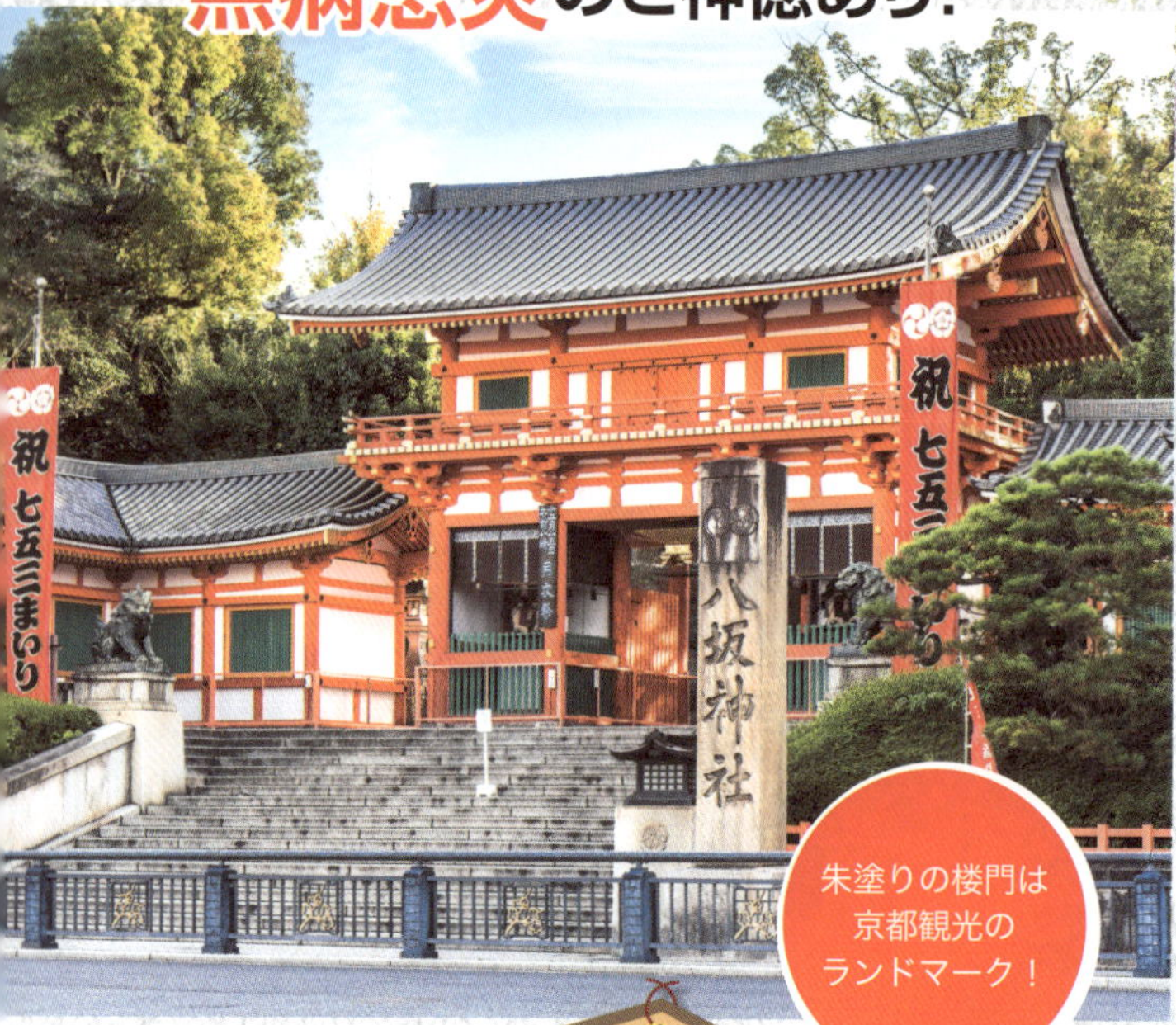

朱塗りの楼門は
京都観光の
ランドマーク！

健康長寿が叶う神社
第1位

疫病除けのご神徳を発揮する
八坂神社
【やさかじんじゃ】

ご利益ポイント

疫病の流行を止めた祇園様

祇園精舎の守護神・牛頭天王と同一視されるスサノオを祀り、877年の疫病で八坂神社が疫病を止めたことから疫病除けの神社として発展しました。

疫病から守られる蘇民将来守

ご祭神のスサノオが、旅の途中で一夜の宿を探していたところ、蘇《そ》民将来《みんしょうらい》という者が厚いもてなしをして感謝されました。この故事から「蘇民将来子孫也（蘇民将来の子孫です）」と書かれた護符やお守りを持つと疫病から守られるとされます。八坂神社では古くから木を八角に削ってつくった「蘇民将来守」があります。

神社データ

- 京都府京都市東山区祇園町北側625
- 京阪電鉄祇園四条駅から徒歩約5分
- 例祭（6月）
  祇園祭（7月）

開運スポット 1

悪王子神社

本殿参拝後にセットでお参り！

ご祭神の荒御魂が祀られています。「悪」は「力強い」「荒々しい」という意味です。本殿の後に参拝すればご神徳がアップします。

開運スポット 3

祇園のご神水

境内から湧き出る力水

本殿に向かって右側にあるご神水で、健康・不老のご神徳があるといわれています。

まだまだある！

開運スポット

刃物神社
悪運を切り、未来を切り開く！

大国主社
縁結びの神様オオクニヌシを祀る！

北向蛭子社
ご祭神の孫神のコトシロヌシを祀る！

開運スポット 2

疫神社

スサノオをもてなした蘇民将来を祀る！

故事に登場する蘇民将来をご祭神とする神社で、疫病除けのご神徳があります。

八坂神社に関わるキーワード

祇園祭
日本三大祭のひとつで、八坂神社のご祭神のご神徳から災厄の除去を祈る祇園御霊会を行ったのがはじまりです。

山鉾
約1100年前に行われた祇園御霊会で当時の国の数66ヶ国にちなんで66本の鉾を立てたことに由来します。

牛頭天王
もともとはヒンドゥー教の神様で、仏教の聖地・祇園精舎を守護します。日本ではスサノオと同一視されるようになりました。

健康長寿が叶う神社

第2位

天皇の病気を治した縁起物 お多賀杓子で病気平癒！

神々を生み出した生命の祖神を祀る 多賀大社

【たがたいしゃ】

拝殿内には巨大なお多賀杓子が飾られている！

ご利益ポイント

秀吉も頼った病気平癒のご神徳

元正天皇に強飯を献上して病気を全快させたことから病気平癒の神様として信仰されています。豊臣秀吉も母の病気平癒を祈願しました。

最高神も生んだ神々の祖神

全国の多賀神社の総本社です。多賀大社のご祭神はアマテラスやスサノオをはじめとする多くの神々を生んだイザナギ・イザナミのため、「お伊勢参らばお多賀へ参れ、お伊勢お多賀の子でござる」「お伊勢7度、熊野へ3度、お多賀さまへは月参り」といわれてきました。縁結びの神様としても人気です。

神社データ

- 滋賀県犬上郡多賀町多賀604
- 近江鉄道多賀大社前駅から徒歩約10分
- 多賀まつり(4月) 万灯祭(8月)

開運スポット1

寿命石

20年の寿命を授けた霊石

平安時代に東大寺の再建を任された僧侶が多賀大社に参拝して、20年の寿命を授かったことを伝える霊石です。

開運スポット3

金咲稲荷神社

「金」が「咲く」お稲荷さん

ご祭神の孫神であるウカノミタマを祀る、縁起のよい社名のお稲荷さんです。寿命石の近くにあります。

まだまだある!

開運スポット

三本杉

多賀大社から約6km離れた地にあるご神木。イザナギがここで食事をして地面に刺した杉箸から大木になったと伝えられる。

日向神社

皇祖神ニニギを祀る多賀大社に並ぶ古社!

開運スポット2

太閤橋

渡れば心願成就のご神徳

母の病気平癒を願って米1万石を奉納したことからつくられた橋で、渡ることで願いが叶うといわれます。

多賀大社に関わるキーワード

お多賀杓子

元正天皇の病気を全快させたことから、多賀大社では絵馬の代わりに杓子に願いごとを書いて奉納します。

杉坂山

ご祭神が降臨した地とされ、8月に行われる万灯祭では、浄火が麓の調宮(ととのみや)神社を経てご本社に運ばれ、約1万灯の提灯に明かりが灯されます。

寿命そば

多賀大社境内にあるそば店では、延命長寿のご神徳がある「寿命そば」を食べることができます。

5代の天皇に仕えた
日本一長寿の神様がご祭神！

健康長寿が叶う神社

第3位

約300歳まで生きた名宰相を祀る
武雄神社【たけおじんじゃ】

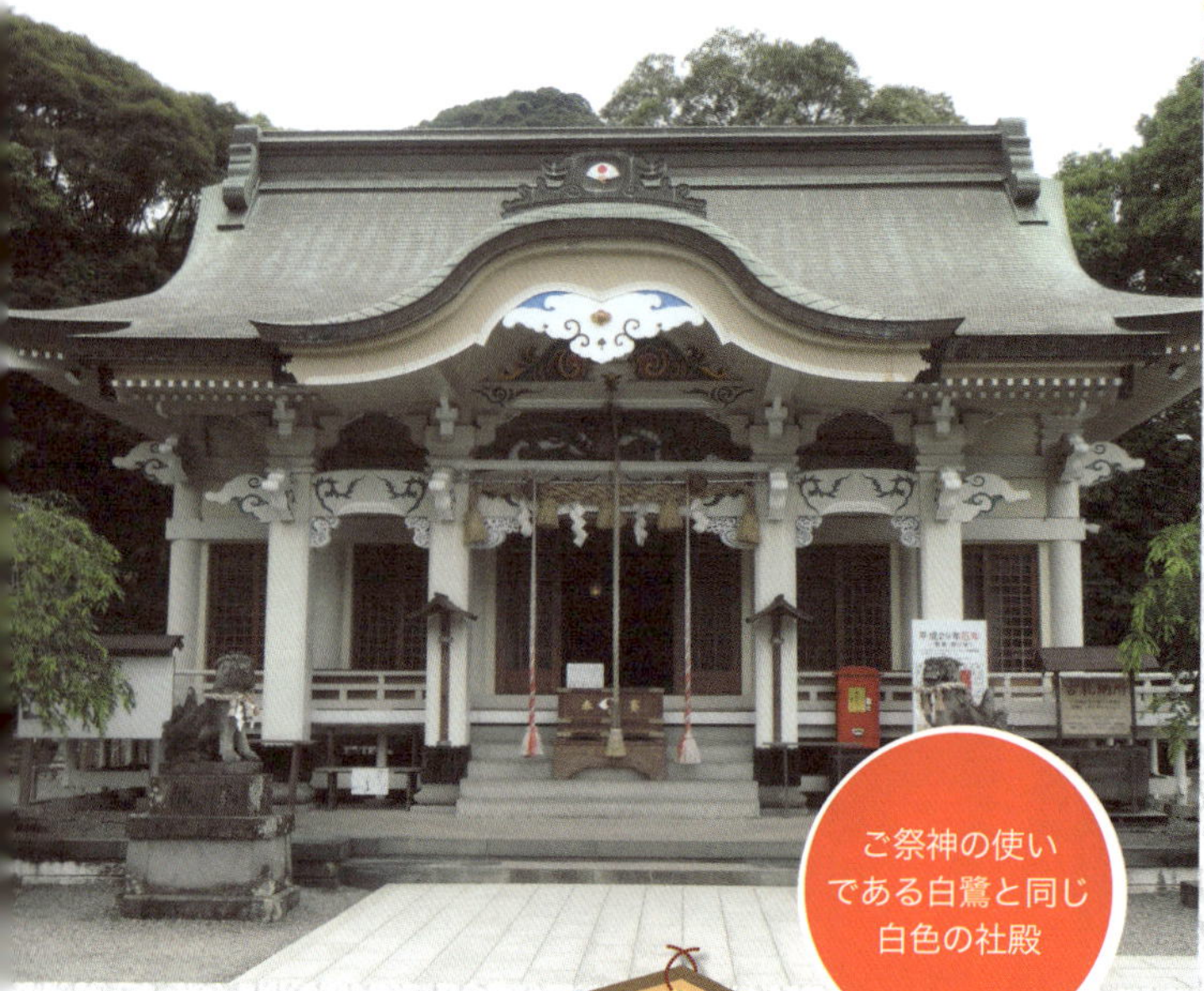

ご祭神の使いである白鷺と同じ白色の社殿

ご利益ポイント

樹齢3000年の日本屈指の大楠

ご祭神の長寿のご神徳から境内には樹齢約3000年の大楠があり、ご神木内で延命長寿・病気平癒を祈願された大楠守が人気です。

生涯現役で5代の天皇に仕えた長寿の神様

12代から16代の天皇に仕えた武内宿禰をご祭神とする神社です。12代の仲哀天皇の妃である神功皇后が海外出兵の際にこの地を訪れ創建されました。武内宿禰は神話に記された神様の中でも最も長寿な神様で、約300歳まで生きたとも伝えられます。年老いても能力を発揮したことから、長寿のご神徳があります。

神社データ

佐賀県武雄市武雄町大字武雄5335

JR佐世保線武雄温泉駅から車で約5分

歩射祭（2月）
例祭（10月）

開運スポット❶

大楠

延命長寿の力を宿すご神木

縄文時代からこの地に生きてきた楠で全国でも屈指の巨木です。根元に大きな穴があり、大楠守の祈願が行われます。

開運スポット❷

夫婦檜

間を通れば縁結びのご神徳が

２本の檜が根元でつながった夫婦檜で、しめ縄で結ばれています。間を通ればあらゆる縁を結ぶことに力を発揮するとされます。

開運スポット❸

塩釜神社・城山稲荷神社

もうひとりの延命長寿の神様

塩釜神社のご祭神は海の潮流を司る老人の姿をした神様で、延命長寿のご神徳があるとされています。

まだまだある!

開運スポット

心字の池
池を訪れる白鷺はご祭神の使いとされ、開運招福のご神徳があり！

下ノ宮
武内宿禰の子を祀る神社。本殿参拝後に訪れると◎！

三ノ鳥居
この地方独特の肥前鳥居で、境内に３つある鳥居のうち最も古いもの！

武雄神社に関わるキーワード

御船山
神功皇后は海外遠征の帰りに武雄の地で船を止めたところ御船山に変化し、武雄神社が創建されたと伝えられます。

一円札
戦前の一円紙幣には、武内宿禰の肖像画が描かれており、日本人の誰もが知っている神様でした。

肥前鳥居
肥前国（現在の長崎県・佐賀県）独特の鳥居で下の部分が太く、柱は３本継でつくられています。

健康長寿が叶う神社

第4位

日本最古の神社の荒御魂を祀る 狭井神社【さいじんじゃ】（大神神社摂社）

神様のご神体である三輪山から湧き出る薬水！

境内には三輪山の登山口がある

開運スポット

薬井戸

万病に効く霊水が湧き出る！

大神神社は本殿がなく三輪山をご神体とします。この三輪山から湧き出る水は薬水として万病に効くとされ、多くの人が汲みに訪れます。

まだまだある！ 開運スポット

くすり道

狭井神社の参道はくすり道と呼ばれ、薬木・薬草などが植えられている。

磐座神社

狭井神社の近くにある、社殿のない岩のみの神社。薬の神様・スクナヒコナを祀っている。

ご利益ポイント

薬水が湧き出る疫病除けの神社

日本最古の神社ともいわれる大神神社の荒御魂を祀る神社です。4月の鎮花祭は花が散る季節に疫病が流行ることから、疫病除けの祈願が行われます。

神社データ

奈良県桜井市三輪1422（大神神社）

JR桜井線三輪駅から徒歩約10分

鎮花祭（4月）

健康長寿が叶う神社

第5位

由緒不明の湖中鳥居が目印の白鬚神社の総本社！

伊勢神宮を鎮座した倭姫によって創建

近江の厳島と称される近江最古の神社

白鬚神社

【しらひげじんじゃ】

開運スポット

湖中鳥居

伝説に残る鳥居

白髭神社の湖中鳥居は、古くから波打ち際で見え隠れしていたとも、天下変災の前兆として突如現れたとも伝えられます。現在の鳥居は1937年に再建。

まだまだある！

開運スポット

寿老神社
西近江七福神のひとり寿老人を祀る！

岩戸社
社殿は古墳の石室の前にあり、古代祭祀の場！

若宮神社
本殿参拝後にお参りで◎！

ご利益ポイント

長寿の象徴である白髪・白鬚のご祭神

天孫降臨の際に道案内をしたサルタヒコを祀る神社で、白髪で白髭をたくわえた姿とされます。長寿のご神徳があり、全国の白鬚神社の総本社です。

- 滋賀県高島市鵜川215
- JR湖西線近江高島駅から車で約5分
- 例大祭（5月）
  秋季大祭（9月）

DATA 所在地 | アクセス | 主な行事

健康長寿が叶う神社

第6位

延命長寿の滝をご神体として祀っていた 熊野那智大社

【くまのなちたいしゃ】

那智の大滝の飛沫を浴びれば延命長寿のご神徳が!

本殿は国の重要文化財

まだまだある!

開運スポット

烏石
霊鳥・八咫烏が姿を変えた石!

大楠
胎内くぐりで延命長寿のご神徳!

大門坂
夫婦杉などがある熊野古道の一部!

開運スポット

那智の大滝

熊野那智大社の神々を祀っていたご神体

神武天皇が光り輝く山を見つけて探りあてた滝で、高さ約133mから毎秒1トンの霊水が落下します。

ご利益ポイント

神武天皇が探りあてた延命長寿の滝

初代神武天皇が探りあてた那智の大滝は延命長寿の水とされ、その姿は観音菩薩ともされました。この那智の大滝が那智大社の創建の地です。

- 和歌山県東牟婁郡那智勝浦町那智山1
- JR紀勢本線紀伊勝浦駅から熊野交通路線バス那智山行きで約30分、那智山バス下車、徒歩約5分
- 那智の扇祭り(7月)
  御滝本祈願所例祭(12月)

健康長寿が叶う神社

第7位

岩がご神体の神々の母神の墓所

花窟神社

【はなのいわやじんじゃ】

古代より信仰されてきた イザナミを祀る巨岩!

約170mの大綱が巨岩とご神木を結ぶ

まだまだある!

開運スポット

王子ノ窟

イザナミが亡くなるきっかけとなった火の神の神霊を祀る。高さ約12mの巨岩。

開運スポット

花の窟

神々の母・イザナミを埋葬した墓所

日本最古の神社ともいわれ、本殿はなくイザナミのご神体の巨岩が祀られています。イザナミは人間の寿命を司るともいわれます。

ご利益ポイント

『日本書紀』に記されたイザナミの墓所

火の神を産んだのちに火傷が原因で亡くなったイザナミの墓所とされる巨岩です。死と再生の象徴であり、延命長寿のご神徳があります。

- 三重県熊野市有馬町上地130
- JR紀勢本線熊野市駅から新宮駅行きバスで約2分、花の窟バス停からすぐ
- お綱掛け神事（2月・10月）

DATA 所在地｜アクセス｜主な行事

健康長寿が叶う神社

第8位

伊太祁曽神社【いたきそじんじゃ】

日本中に木を植えたいのちの神様

本殿にある木の俣くぐりで厄除け・病気平癒のご神徳！

境内には多くの木や霊石がある

開運スポット

木の俣くぐりのご神木

霊験あらたかな樹齢800～1000年の杉

境内にあったご神木が落雷にあったため切り出されたもの。拝殿に置かれています。

まだまだある！

開運スポット

氣生神社
ご祭神の荒御魂を祀る。本殿参拝後のお参りが◎！

御井社
湧き出る水は命の水と呼ばれ、病人が飲むと元気が出るとされる霊水！

磐座
ご祭神が降臨したとされる霊石！

ご利益ポイント

死の危機のオオクニヌシを救った病気平癒の神様

オオクニヌシが兄神たちから何度も殺されそうになったことから、ご祭神が木の俣をくぐらせて助けたとされ、厄難除け、病気平癒の神様として信仰されています。

神社データ

- 和歌山県和歌山市伊太祈曽558
- わかやま電鉄貴志川線伊太祈曽駅から徒歩約3分
- 木祭り（4月）氣神祭（12月）

健康長寿が叶う神社

第9位

古代につくられた約450トンの巨石

生石神社【おうしこじんじゃ】

日本3奇のひとつに数えられる霊験あらたかな巨大石造物!

約450トンを超える巨大な石造物

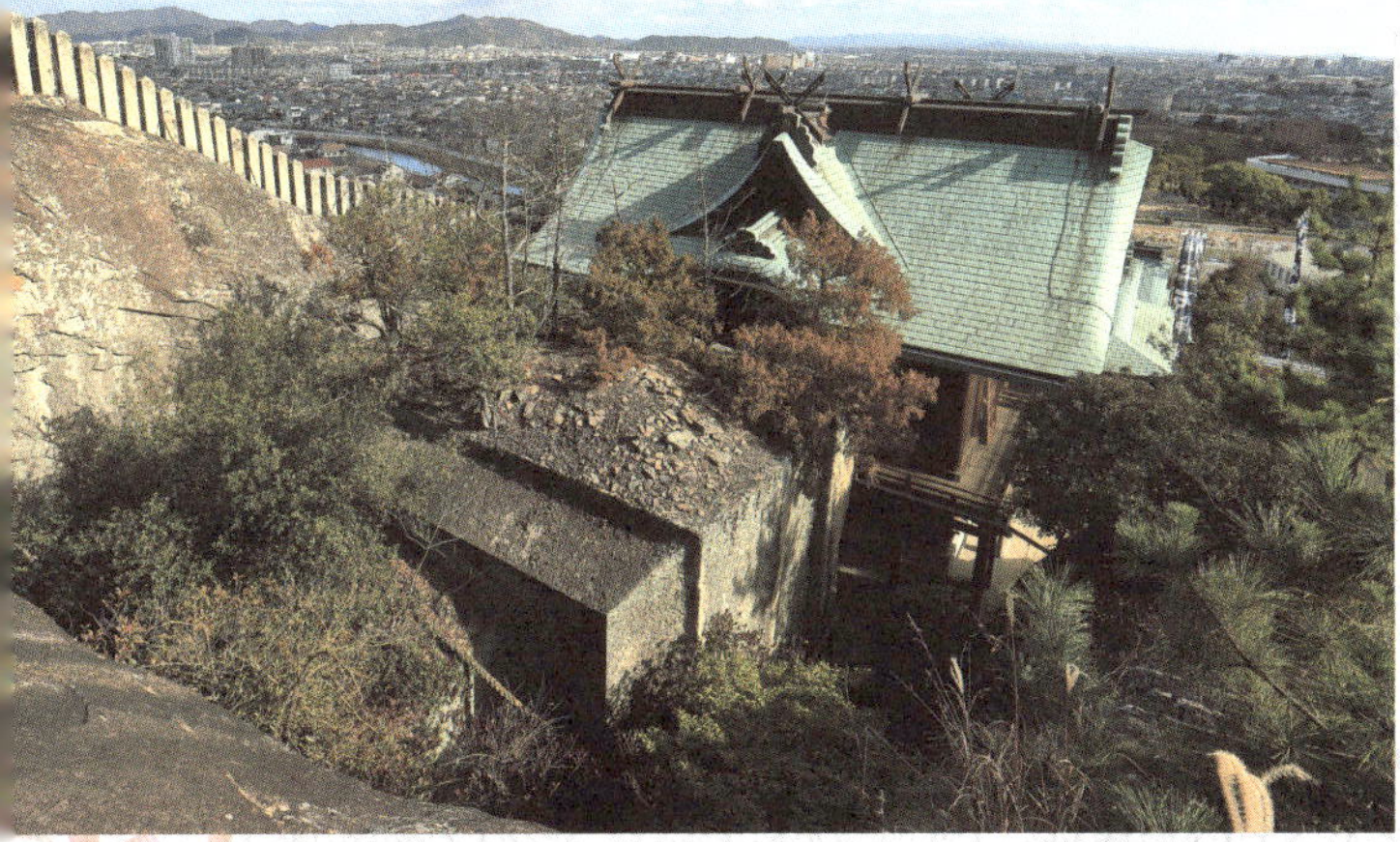

開運スポット

石の宝殿

神々がつくった石の宮殿

浮石とも呼ばれ、池の上に浮いているようにつくられています。2神の神霊が宿り、病気平癒のご神徳があります。

まだまだある! 開運スポット

霊石

全身の力を込めて押すと、身体健康のご神徳を授かる!

山上展望台

石の宝殿を背後から拝することができる!

ご利益ポイント

疫病を止めた神々が宿る巨大石造物

オオクニヌシとスクナヒコナがつくろうとした石造りの宮殿です。未完成に終わっていますが2神の神霊が宿り、10代崇神天皇の時代に疫病を止めたと伝えられます。

神社データ

- 兵庫県高砂市阿弥陀町生石171
- JR神戸線宝殿駅から徒歩約25分
- 例大祭(10月)

DATA 所在地 | アクセス | 主な行事

健康長寿が叶う神社

第10位

「ご来光の道」上にある八方除けの神社

寒川神社

【さむかわじんじゃ】

あらゆる禍事・災難を取り除く古来唯一の八方除けの神社!

昇殿参拝した人は神嶽山神苑に入れる

開運スポット

八氣の泉

八方除けの気に満ちた地

本殿奥に広がる神嶽(かんたけ)山神苑にある泉で、周辺には八方除けの精気が漂っているとされます。

まだまだある!

開運スポット

難波の小池
神嶽山神苑にある神社創建に関わる地とされる神聖な泉!

お水取り
神嶽山神苑に湧き出るご神水をいただける!

神池橋
三の鳥居前にある橋で渡れば厄除けのご神徳!

ご利益ポイント

春分・秋分の日に太陽が通過する地に鎮座

出雲大社、富士山を結ぶレイライン「ご来光の道」上に鎮座しています。八方とはあらゆる方角を意味しており、八方除けはあらゆる災厄を取り除くとされます。

神社データ

- 神奈川県高座郡寒川町宮山3916
- JR相模線宮山駅から徒歩約5分
- 国府祭(5月)
  例祭(9月)

少彦名神社《すくなひこなじんじゃ》

薬問屋の街に鎮座する日本医薬の祖神を祀る神社

社前では月一度湯立ての神事が行われる

まだまだある! 開運スポット

ご社前石畳交差点
湯立て神事も行われるご神前の聖域。

鳥居横の楠
樹齢200年近い楠のご神木。

開運スポット

金の虎像

コレラを退散させた虎

社務所前の虎像は、江戸時代に薬と一緒に授与された張り子の虎に由来する無病息災の縁起物。

ご利益ポイント

元祖医薬の神様

スクナヒコナはオオクニヌシとともに国土を開拓し人や家畜の病気を治療したという医療神。中国の医神・神農も祀り、和漢合わせて2倍のご利益があります。

⛩ 大阪府大阪市中央区道修町2-1-8

📍 大阪市営地下鉄堺筋線北浜駅から徒歩約5分

氣比神宮《けひじんぐう》

霊水「長命水」が授与される北陸の総鎮守

江戸時代造営の大鳥居は日本三大鳥居

まだまだある! 開運スポット

ユーカリの巨木
1936年に献木された市の天然記念物。

土公
ご祭神降臨地という境内最古聖地。

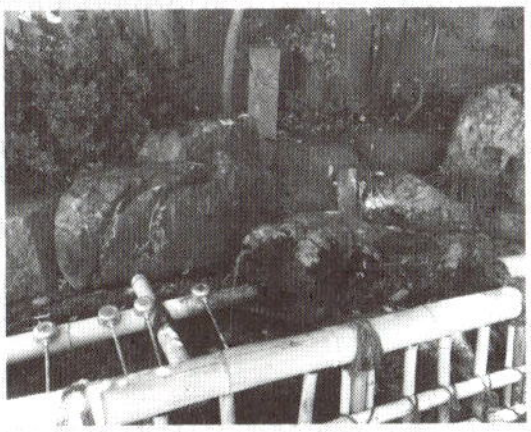

開運スポット

長命水

1300年涸れない神の水

社殿の修営中に突如湧き出した霊水で、お正月にこの水を飲むと1年間無病息災といわれます。

ご利益ポイント

食を司る神様

北陸総鎮守という格の高い神社で、ご祭神は生命力の源である食物を司る神。長寿の神・武内宿禰も祀られ、延命長寿、ボケ防止などのご利益もあります。

⛩ 福井県敦賀市曙町11-68

📍 JR北陸本線敦賀駅から徒歩約15分

DATA ⛩ 所在地 | 📍 アクセス

吉田神社《よしだじんじゃ》

かつては神社界の頂点を務めた厄除け祈願発祥の神社

社殿が並び建つ独特の様式

まだまだある!

開運スポット

今宮社の四神石

東西南北の守護霊獣に見立てた霊石。

若宮社

心身を整える水徳の神様。

ご利益ポイント

神祇管領長上

江戸時代まで神職界トップを務めてきた神社。有名な吉田の節分祭では人々の厄と悪い心を封じ込める「厄塚」がつくられ、多くの参詣者が訪れます。

開運スポット

大元宮(だいげんきゅう)

日本国すべての神を祀る

ここにお参りするだけで日本中すべての神社、神様をお参りしたのと同じご神徳があるとも。

⛩ 京都府京都市左京区吉田神楽岡町30

📍 京阪電車出町柳駅から徒歩約20分

五條天神社《ごじょうてんじんしゃ》

ヤマトタケルが創建 医薬の神2柱が祀られる

石段の鳥居は海外観光客にも人気のスポット

まだまだある!

開運スポット

摺鉢山(上野公園内)

天神社の元鎮座地。じつは古墳。

花園稲荷神社

神秘的な石窟に祀られた稲荷社。

ご利益ポイント

上野公園の聖域

スクナヒコナ、オオクニヌシの医薬祖神を祀ります。節分祭では鬼が天敵の方相氏と宮司の弓矢で追い払われる儀式が行われるなど病除けのパワーが強い。

開運スポット

裏参道

鳥居の連なる石段を下る

公園側から境内に下る裏参道の石段。まるで異世界に迷い込むような不思議な体験ができます。

⛩ 東京都台東区上野公園4-17

📍 JR上野駅から徒歩約5分

丹生都比売神社《にうつひめじんじゃ》

**世界文化遺産登録
高野山を守護する神様**

楼門、本殿は
室町時代建造の
重要文化財

まだまだある！ 開運スポット

輪橋
秀吉の側室淀殿が寄進した朱色の木橋。

二つ鳥居
二基並ぶ鳥居は俗世と神域の結界。

開運スポット

楼門

参拝の待機所にもなる

桧皮葺の楼門はご祭神のパワーが最も感じられる場所ともいわれ、本殿参拝前はここで心身を整えます。

ご利益ポイント

丹＝水銀の女神様

丹(に)とは水銀朱のことで不老の仙薬と信じられていました。ご祭神は高野山の本来の主で不老長寿と生命の育成をつかさどる女神として信仰されます。

⛩ 和歌山県伊都郡かつらぎ町上天野230
📍 JR和歌山線笠田駅から車で約20分

三峰神社《みつみねじんじゃ》

**天皇も病気平癒祈願をした
秩父屈指の聖地**

寛永期建立の
拝殿は思わず
見惚れる極彩色

まだまだある！ 開運スポット

遥拝殿
秩父山中と奥宮からの気が流れる。

敷石の龍神の顔
石に水をかけると龍が浮き出る。

開運スポット

三ツ鳥居

由緒不明の謎の鳥居

全国的に非常に珍しい３つの鳥居が組み合わさったかたちをしています。鳥居の左右には山犬の狛犬があります。

ご利益ポイント

関東有数の霊山

修験道場としても盛えた霊山に鎮座。富士山からの気が流れる龍脈上にあるといい、病魔退散以外に金運、開運などあらゆるご利益が得られます。

⛩ 埼玉県秩父市三峰298-1
📍 秩父鉄道三峰口駅から車で約50分

DATA ⛩ 所在地 ｜ 📍 アクセス

潮御崎神社《しおのみさきじんじゃ》

神々の世界に最も近い 本州最南端に鎮座する神社

戦前には社前で漁師の会合も開かれていた

まだまだある! 開運スポット

高塚の森
古代の太陽祭祀跡ともいわれる。

潮岬灯台
灯台のある岬が当社の旧鎮座地。

開運スポット

御綱柏

古事記にも記される霊木

神道で神聖視される柏。この御綱柏は仁徳天皇の皇后が自ら葉を採りにきたという伝説をもちます。

ご利益ポイント

神の国への帰り道

太平洋に面した本州最南端の神社で以前は潮岬灯台の場所にあった。祭神のスクナヒコナはこの岬から神々の世界・常世の国へ還ったとされています。

⛩ 和歌山県東牟婁郡串本町潮岬2878
📍 JR紀勢本線串本駅から車で約10分

酒列磯前神社《さかつらいそさきじんじゃ》

水戸光圀が復興させた 常陸国の歴史ある神社

拝殿には伝左甚五郎作の彫刻がある

まだまだある! 開運スポット

大洗磯前神社
磯前神社は2社で1つの「対の宮」。

亀石像
参拝後に触ると高額当選のご神徳。

開運スポット

樹叢

参道全体が樹のトンネル

一の鳥居から拝殿まで続く参道は自然林による樹のトンネル。大地の気が満ち満ちています。

ご利益ポイント

神の国からの玄関口

神々の世界に帰ったオオクニヌシとスクナヒコナが人々を救うため戻ってきた場所といい、対になる大洗の磯前神社とあわせて参拝することでご神徳倍増。

⛩ 茨城県ひたちなか市磯崎町4607-2
📍 ひたちなか海浜鉄道湊線磯崎駅から徒歩約13分

素盞雄神社《すさのおじんじゃ》

疫病・災厄封じの神を祀る
東京下町の氏神様

本殿には悪病除の神面が祀られている

まだまだある! 開運スポット

飛鳥の杜のイチョウ
子育てにご利益があるという古木。

御神水
都内ながら飲用可能な御神水井。

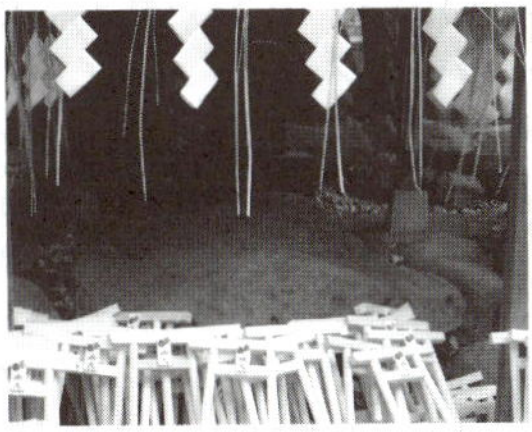

開運スポット

瑞光石（ずいこうせき）

光り輝く神の石

光り輝く石から神が出現したという伝説。境内の富士塚にあり地下では隅田川まで伸びるとも。

⛩ 東京都荒川区南千住6-60-1
📍 南千住駅から徒歩約8分

ご利益ポイント
厄除けの天王祭
厄除け、病気封じの強大な力をもつスサノオと飛鳥大神を祀ります。幕末江戸でコレラが大流行した時はお守りを求め参拝者が殺到したといいます。

津島神社《つしまじんじゃ》

織田信長も篤く信仰した
全国天王社の総本社

家康の子の健康祈願に寄進された本殿

まだまだある! 開運スポット

楼門
秀吉寄進の、正門より巨大な脇門。

荒御魂社
荒ぶる神スサノオの荒御魂を祀る。

開運スポット

丸池

天王川の名残り

天王祭に美しい車楽舟が並ぶ丸池。かつては天王川として当社と伊勢湾をつなぐ水の道でした。

⛩ 愛知県津島市神明町1
📍 名鉄津島駅から徒歩約15分

ご利益ポイント
牛頭天王の総本社
祇園社と並ぶ天王信仰の一大中心地。明治前は牛頭天王社といいました。信長、秀吉と二代の天下人に信仰された強運破邪のご神徳は折り紙付。

DATA ⛩ 所在地 | 📍 アクセス

まだまだある健康長寿が叶う神社

都農神社《つのじんじゃ》	宮崎県児湯郡都農町川北13294	JR都農駅から車で5分	古くから疱瘡平癒の信仰。難病の治癒にご利益ありといいます。
足助八満宮《あすけはちまんぐう》	愛知県豊田市足助町宮ノ後12	名鉄猿投駅からバスで40分	「足を助ける」の名前から足腰の健康や旅の安全を守護。
大鳥神社《おおとりじんじゃ》	東京都目黒区下目黒3-1-2	ＪＲ山手線目黒駅から徒歩7分	ヤマトタケルの家臣の眼病を治した目の神様。秋には酉の市も。
湯泉神社《とうせんじんじゃ》	兵庫県北区有馬町1908	神戸電鉄有馬温泉駅から徒歩8分	心身健康の源、温泉を守護有馬温泉ゆかりの医薬祖神。
那須温泉神社《なすゆぜんじんじゃ》	栃木県那須郡那須町大字湯本182	JR黒磯駅から車で30分	湯治場のありかを教えた温泉の神様を祀る神社。
紀州東照宮《きしゅうとうしょうぐう》	和歌山県和歌山市和歌浦西2-1-20	JR紀三井寺駅から車で7分	東照大権現（家康）＝薬師如来とされ、医療を司る仏が病気を平癒。
稗田野神社《ひえだのじんじゃ》	京都府亀岡市ひえ田野町佐伯垣内亦1	JR亀岡駅から車で12分	女性の病気にご利益ある神社。境内にはガン封じの瘤の木も。
石鎚神社《いしづちじんじゃ》	愛媛県西条市西田甲797	JR西条駅から車で10分	３体の神像に病気平癒の力。直接触れる祈願もあります。
岩津天満宮《いわつてんまんぐう》	愛知県岡崎市岩津町字東山53	JR岡崎駅からバスで約35分	トヨタの豊田佐吉も祈願した健康・病除けで有名な神社。
廣田神社《ひろたじんじゃ》	青森県青森市長島2-13-5	JR青森駅から徒歩15分	徳川将軍から授与された全国唯一の「病厄除け」神宝があります。

豊満神社《とよみつじんじゃ》

強運の女神神功皇后を祀る
美と「豊満」にご利益の神社

美容

重要文化財の
鎌倉時代建立
四脚(しきゃく)門
も必見

まだまだある! 開運スポット

ハート石
偶然発見されたハート型の自然石。

勝運伝説の竹藪
戦国武将も求めた勝利を運ぶ竹林。

ご利益ポイント
美容運がUPする
「豊満」という縁起のよい社名から、スタイルや美容向上の祈願に訪れる女性が急増中。神功皇后ゆかりの竹やぶは、勝利をゲットする勝ち運の竹。

開運スポット

美人の木(告白の木)
この木の下で愛を告白
樹齢約300年のムクの木。感謝の言葉や愛の告白をすると相手に伝わるといいます。

⛩ 滋賀県愛知郡愛荘町豊満392
📍 近江鉄道愛知川駅から徒歩約15分

美御前社《うつくしごぜんしゃ》(八坂神社末社)

ご祭神は女神三姉妹
祇園の舞妓さんも信仰

美容

修復竣工され
朱色も鮮やかな
ご社殿

まだまだある! 開運スポット

太田社
夫婦の神をまつり良縁のご利益あり。

大国主社
縁結びの神様を祀る。

ご利益ポイント
舞妓さんもご愛用
ご祭神は美人で名高い三姉妹の女神です。八坂神社のご祭神スサノオはお父さんにあたります。旅や交通の安全も守ってくれる頼もしい女神たちです。

開運スポット

美容水
肌も心もみがかれる
肌美容を保つのはもちろん、心が美しく磨かれるといわれます。数滴つけるだけで効果あり。

⛩ 京都府京都市東山区祇園町北側625 八坂神社境内
📍 京阪電車祇園四条駅から徒歩約5分

厳島神社美人弁天《いつくしまじんじゃびじんべんてん》

日本で唯一の「美人証明」を発行する神社

美容

⛩ 栃木県足利市本城2丁目1860
📍 JR両毛線足利駅から徒歩約20分

神社HPから公式のネット参拝も可！

まだまだある！ 開運スポット

美人証明
当社限定発行の「美人」の証明書。

六角堂
六角形の弁天堂自体にもパワーが。

開運スポット

なで弁天

なでて健康と美のご利益

手のひらから直接弁天様のお力を感じることで、心身ともによい影響があるといわれます。

ご利益ポイント

ご開帳は月に2日

外見に左右されない本当の「美人」であることを証明してくれる神社。美人弁天は第一、第三日曜にご開帳。ネットでの公式参拝はいつでも行えます。

河合神社《かわいじんじゃ》（下鴨神社末社）

絵馬にメイクしてご奉納する「美麗祈願」の神社

美容

⛩ 京都府京都市左京区下鴨泉川町59
📍 京阪電車出町柳駅から徒歩約12分

桧皮葺の簡素さが美しい

まだまだある！ 開運スポット

印璽社
契約の神様。婚姻届にもご利益。

御手洗池
この池に病気を流すという神事も。

開運スポット

鏡絵馬

表にメイク、裏に願い事

絵馬にふだん自分がするメイクを施すことで、内面から自分を見つめ、磨く効果が得られます。

ご利益ポイント

鏡絵馬で内面磨き

願いごとと一緒に自分の顔を描く鏡絵馬が人気。自身の美しいところ、長所をご神前で再確認することで、内面から輝いてルックスも磨かれます。

御髪神社《みかみじんじゃ》

日本で一社だけの髪の神社 美容、理容関係者も訪れる

美容

玉垣の奉納社名も美容関係ばかり

まだまだある! 開運スポット

社殿横の毘沙門天像
邪気を払う強いパワーを持つ神様。

小倉池
和歌にも詠まれた紅葉の名所。

開運スポット

髪塚

奉納された髪がここに

神様に奉納された髪の毛はこの塚のもとへ。埋納後は毎日神職によって祈りが捧げられています。

ご利益ポイント

祭神は理容業開祖

髪の毛の健康と美しさを守ってくれる日本で唯一の神様です。お参りの時には少しだけ自分の髪を切り奉納します。特に美容業界から篤く信仰されています。

⛩ 京都府京都市右京区嵯峨小倉山田淵山町10-2

📍 嵯峨野観光鉄道トロッコ嵐山駅から徒歩約1分

石切劔箭神社《いしきりつるぎやじんじゃ》

お百度詣りでも有名 腫れ物、ガン封じの神様

ガン封じ

屋根に剣が立つ絵馬殿もおもしろい

まだまだある! 開運スポット

上之社
奥の院にあたり全域に強いパワー。

絵馬殿
屋根の剣からパワーが降りてくる。

開運スポット

お百度石

お百度参りの列が絶えない

ガン、腫れ物封じでは国内で最も有名な神社のひとつ。お百度参りにはいつも大勢の参拝者が。

ご利益ポイント

でんぼの神さん

もともと腫れ物封じで有名な神社でしたが、近年ではガン治癒のお百度参りをする祈願者が全国からやってきます。分祀が東京都文京区にあります。

⛩ 大阪府東大阪市東石切町1丁目1−1

📍 近鉄けいはんな線新石切駅から徒歩約7分

DATA ⛩ 所在地 | 📍 アクセス

菅原院天満宮神社《すがわらいんてんまんぐうじんじゃ》

菅原道真の生誕地
末社にガン封じのご神徳

ガン封じ

⛩ 京都府京都市上京区堀松町408
📍 市営地下鉄烏丸線丸太町から徒歩約5分

立派な
唐破風が
特徴的

開運スポット

梅丸大明神

平癒石がガン封じ

社務所で授与される白ハンカチを平癒石に当て、それで患部をさすると不思議なご神徳が。

ご利益ポイント

幸せの白いハンカチ

天神様である菅原道真の生誕地に創建されました。菅原家の代々の当主が祀られます。神社には病気平癒のお礼の声が全国から届けられているといいます。

まだまだある! 開運スポット

菅公産湯の井
道真が産湯をつかったという井戸。

京都御苑厳島神社
京都御苑内にある弁天様。

行田八幡神社《ぎょうだはちまんじんじゃ》

ガン封じ、ボケ封じをはじめ
諸病封じの秘法を伝える

ガン封じ

⛩ 埼玉県行田市行田16-23
📍 秩父鉄道行田市駅から徒歩約5分

江戸時代の
奉納額が
ご社宝に

開運スポット

なで桃

災いを払う金の桃

邪気を払う力がある桃をかたどった像。金色に塗られてますます厄除けのご神徳倍増。

ご利益ポイント

病封じの総合神社

古くから虫封じ、ガン封じ、諸病封じなどの秘法を継承してきたという神社。境内にはガンから眼病までさまざまな病にご利益のある神社が並びます。

まだまだある! 開運スポット

目の神社
その名の通り眼病治癒の神様。

瘡守(かさもり)稲荷社
皮膚病にご利益がある神社。

護王神社《ごおうじんじゃ》

イノシシ像でいっぱいの足腰の守護神

足腰健康

⛩ 京都府京都市上京区烏丸通下長者町下ル桜鶴円町385
📍 市営地下鉄烏丸線丸太町駅から徒歩約7分

明治天皇直々の命で現在地に遷座

まだまだある! 開運スポット

足萎難儀回復碑
足形の石にのると平癒のご利益あり。

オガタマの木
根元に願掛け串を刺して祈願する。

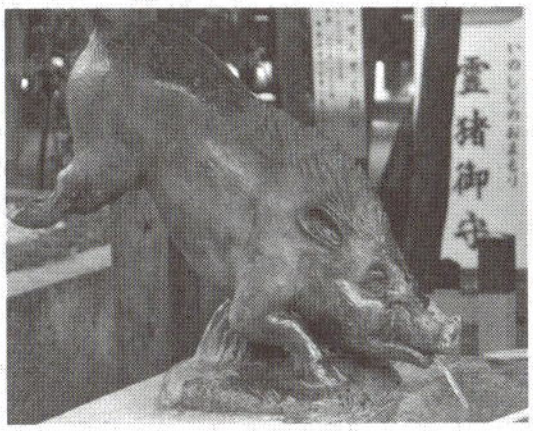

開運スポット

幸運の霊猪

鼻をなでると幸せに

和気清麻呂のピンチを救ったイノシシ。鼻を触ると幸せになるといわれいつもピカピカ。

ご利益ポイント

京都御所のすぐ隣

ご祭神がイノシシに救われ足の傷も治した伝説から、足腰の病、ケガにご神徳あり。明治天皇が特に命じて京都御所の隣に移させたという歴史もあります。

足王神社《あしおうじんじゃ》

病との縁を切る鎌を奉納 鳥居の左右には足の置物も

足腰健康

⛩ 岡山県赤磐市和田519
📍 JR山陽本線瀬戸駅から車で約15分

足の王らしいどっしりとしたご社殿

まだまだある! 開運スポット

鳥居横の足形
寄進された膝下の足のモニュメント。

両宮山古墳
すぐ近くにある大型前方後円墳。

開運スポット

鎌殿

病を断ち切る鎌

病気を根本から絶つという意味で鎌を供える風習があり、奉納された鎌が積み重なっています。

ご利益ポイント

大祭は年に2回

もとは個人が祀る社でしたが、ご神徳が絶大なため一般公開するようになった歴史があります。ご神体は4月と9月の大祭の日にだけご開帳されます。

DATA ⛩ 所在地 | 📍 アクセス

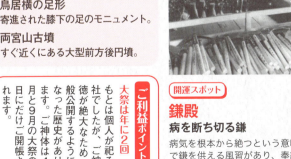

川越八幡宮《かわごえはちまんぐう》

足腰、眼病、病気除け…
健康祈願の総合受付神社

足腰健康

⛩ 埼玉県川越市南通町19-1
📍 川越駅から徒歩約6分

たくましく凛々しい顔の狛犬にも注目

ご利益ポイント

まるで総合病院

薬祖二神を祀る目の神様、足腰のお稲荷様など境内にはは病気にご利益のある神様がたくさん祀られている。ぐちをきいてくれるぐち聞き様の像もあります。

開運スポット

民部稲荷神社

別名相撲稲荷

人に化けて相撲をとった狐の伝説から足腰の神として人気に。箱根駅伝の選手たちも参拝。

まだまだある！ 開運スポット

目薬の木
眼病平癒の目の神様のご神木。

厄除桃
桃型の土器を投げ割って厄を払う。

亀有香取神社《かめありかとりじんじゃ》

足腰健康と美脚にご利益
下町亀有の氏神様

足腰健康

⛩ 東京都葛飾区亀有3-42-24
📍 JR常磐線亀有駅から徒歩約3分

境内にはキャプテン翼と両さんも

ご利益ポイント

美脚にもご利益が

足腰の病気、ケガ予防の神様として有名。「健康美脚守」も授与していて、スポーツ選手はもちろん近年は脚線美を求める女性の参拝も多いとか。

開運スポット

神亀像

縁起のよい亀の像

文化財に指定される亀型瓦をもとに作られた阿吽の神亀像。財運と長寿のご神徳があるとか。

まだまだある！ 開運スポット

こち亀の両さん像
両さんにちなんで丈夫な身体に。

神楽殿
旧拝殿を移築した歴史のある建物。

御首神社《みくびじんじゃ》

首から上のお悩みは万事解決の「将門の首」

頭・首健康

大垣市の景観遺産に選定

まだまだある! 開運スポット

御首神社古墳
ご祭神平将門の首塚といわれる。

ご神砂
ご神砂で患部をなでるとご利益が。

開運スポット

絵馬堂

身代わりの帽子を奉納

帽子やスカーフなど首から上につけるものを身代わりとして奉納し、病気の平癒を願います。

ご利益ポイント

病気にも受験にも

首から上についての願いならすべてにご神徳ありという神社で、頭部の病気平癒、ボケ封じ、また受験の成功を願って学生も多く参拝に訪れます。

⛩ 岐阜県大垣市荒尾町1283-1
📍 JR美濃赤坂線荒尾駅から徒歩約1分

頭之宮四方神社《こうべのみやよもうじんじゃ》

看板に偽りなし頭の神様「おかしらさん」

頭健康

間口の広い開放感のある拝殿

まだまだある! 開運スポット

お頭さん(頭之石)
撫でて病を治す不思議な人面岩。

御滝
滝を拝むことで心身浄化の効果が。

開運スポット

頭之水

「知恵の水」

毎年2月には「水取神事」が行われ、ふだん以上に知恵の水を求める参拝者が殺到します。

ご利益ポイント

頭以外にもご神徳

ご祭神の唐橋中将のドクロがご神体として祀られる頭の神様。境内から湧く知恵の水を正月のお雑煮やお茶につかうと無病息災のご神徳があります。

⛩ 三重県度会郡大紀町大内山3314-2
📍 JR紀勢本線大内山駅から徒歩約10分

DATA ⛩ 所在地 | 📍 アクセス

芝大神宮《しばだいじんぐう》

風邪、せき止めにご利益がある生姜と甘酒が有名

せき止め

⛩ 東京都港区芝大門1-12-7
📍 JR浜松町駅から徒歩約5分

広い石段の上にあり見上げるとインパクト大

まだまだある! 開運スポット

貯金塚
大黒様が彫られた貯金の記念碑。

拝殿前
急な石段上に気が上昇。

ご利益ポイント
関東のお伊勢様
江戸時代から「明神生姜」として重宝された、病気除けの生姜。また、当社で甘酒を飲んでも風邪をひかないといい、祭礼には甘酒茶屋がたちます。

開運スポット

生姜塚

せき止め、風邪治癒

ここで買った生姜を食べると病気にならずせきが止まると江戸時代から信仰されています。

おせき社《おせきしゃ》（伏見稲荷大社末社）

歌舞伎役者のノドを守ったせき、ぜんそくの神社

せき止め

⛩ 京都府京都市伏見区深草薮之内町68
📍 京阪本線伏見稲荷駅から徒歩約5分

稲荷山中の歴史を感じるたたずまい

まだまだある! 開運スポット

薬力社
同じ稲荷山中の無病息災の神様。

石井大神
隣接する健康長寿の神様。

ご利益ポイント
稲荷山山中にあり
伏見稲荷大社の背後にある「お山」のなかに点在する健康祈願の神社です。おせき社には郵便受けがあり、郵送でせき止めのお願いをすることもできます。

開運スポット

柱の郵便受け

郵送での祈願も可！

歌舞伎役者が参拝したところ悩んでいたノドの痛みが消えたという話から人々が信仰。

日比谷神社《ひびやじんじゃ》

別名サバ稲荷
虫歯、歯痛の神様

虫歯平癒

ガラス張りのスタイリッシュな社殿

まだまだある! 開運スポット

境内稲荷社
境内稲荷社の凜々しい狛犬。

新橋四丁目
旧社地。現在は新虎通りに変貌。

ご利益ポイント

昔はサバを奉納

サバ稲荷とも呼ばれ、サバを食べるのを断って虫歯や虫封じのお願いをするとご神徳があるといわれました。治ったらお礼にサバを奉納しました。

開運スポット

鳥居下交差点

神社の気が流れる好スポット

ご祭神は罪穢れを払う神様。幹線道路の交差点という立地で、周囲のよい気を吸収します。

⛩ 東京都港区東新橋2-1-1
📍 新橋駅から徒歩約5分

白山神社《はくさんじんじゃ》

珍しい歯ブラシ供養が
行われる神社

虫歯平癒

金色の目の狛犬がお出迎え

まだまだある! 開運スポット

白旗桜
天然記念物の二代目が育つ。

金の目の狛犬
金色の瞳が悪いエネルギーを払う。

ご利益ポイント

歯の苦を散じる

白山と歯苦散の語呂合わせから、歯痛、虫歯にご神徳があると信仰されました。将軍徳川綱吉も信仰し、現在は東京十社にも選ばれている神社です。

開運スポット

富士塚

登拝は期間限定

文京あじさいまつりの期間だけ登拝ができる富士塚。期間中には歯ブラシ供養も行われます。

⛩ 東京都文京区白山5-31-26
📍 都営三田線白山駅から徒歩約2分

DATA ⛩ 所在地 | 📍 アクセス

鬼王稲荷神社《きおういなりじんじゃ》

豆腐を断って平癒祈願「撫で守り」が有名

病気平癒

⛩ 東京都新宿区歌舞伎町2-17-5
📍 都営地下鉄東新宿駅から徒歩約3分

節分には拝殿から道路まで大行列に

まだまだある! 開運スポット

浅間神社
都心では貴重な富士信仰の名残。

狛犬
顔が小さくスタイルのよい狛犬。

ご利益ポイント
撫で守りで病気平癒
神社で授与される撫で守りで患部をなで、治るまでの間豆腐を食べない「豆腐断ち」の祈願で有名です。「鬼は内」の節分には多くの参詣者が集います。

開運スポット
鬼の水盤

不思議な伝説を持つ鬼
武士がこの水盤に切りつけたところ災難が続き、当社に奉納したという不思議な伝説を持ちます。

生目神社《いきめじんじゃ》

眼病にご神徳ありと名高い「日向の生目様」

眼病平癒

⛩ 宮崎県宮崎市生目345
📍 JR宮崎駅から車で約15分

県内最古の神の面が奉納されている

まだまだある! 開運スポット

オガタマの巨樹
社殿の脇にそびえるご神木。

イチョウの木
宮崎県の巨樹百選に選ばれている。

ご利益ポイント
縁日には大行列が
ご祭神の藤原景清にまつわる伝説から目のご神徳ありと有名です。縁日には境内で歴史ある「生目神楽」が、昼から真夜中まで通して奉納されます。

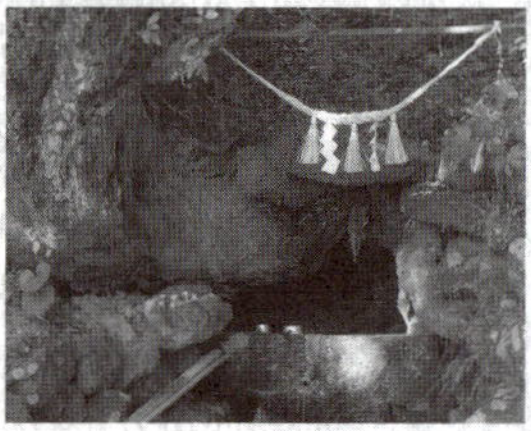

開運スポット
ご神水

眼病を癒やすという湧水
神域から湧き出る水には眼病を癒やすご利益があるとされます。縁日には行列ができるほど人気。

DATA ⛩ 所在地 | 📍 アクセス

第3章

良縁を結ぶ神社50

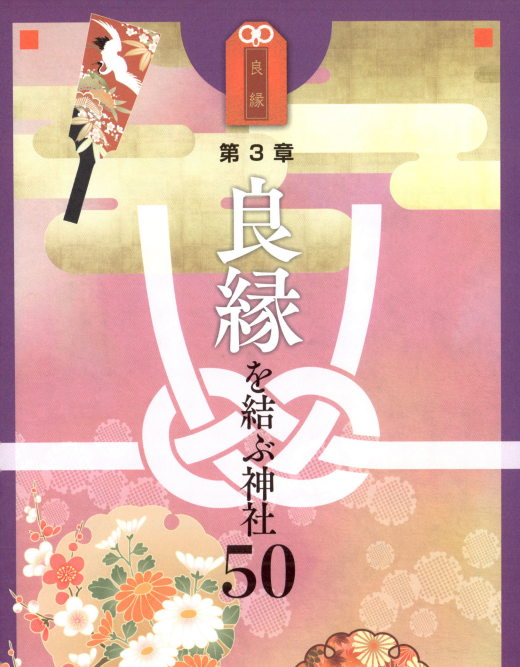

良縁のご神徳がある神様図鑑

縁結びの神様
オオクニヌシ

縁を結ぶ
会議のリーダー

●祀られている主な神社●

- 出雲大社 P84
- 來宮神社 P86
- 地主神社 P93

地上世界の開拓・統治を行ったオオクニヌシは国譲り後に目に見えない世界を統治することになり、ご縁を結ぶ神様とされます。出雲大社では、毎年旧暦10月に神々が集まって縁結びの会議が行われることから特に篤く信仰されます。

日本の神話には神々の恋愛が描かれている

縁とは目に見えないもの。そのためご神威が発揮されるものとして多くの人が縁結びの祈願をします。代表格はやはり縁結び会議を主宰するオオクニヌシです。このほか目に見えない水脈を司り、気をコントロールする龍神も縁結びの神様として人気があります。神話には女神の恋愛模様や仲睦まじい夫婦神が描かれており、良縁を持った神々に縁結びのご神徳があるとされます。

水を司る神様
龍神

龍神は中国から伝えられた霊獣ですが、日本では古くから蛇を神様の化身とする信仰があり、龍と合わさって龍蛇神信仰が生まれました。龍は湖底などに住むとされ水脈などの水の流れを司り、目に見えない縁を結ぶ霊獣とされます。

●祀られている主な神社●

- 貴船神社 P88
- 箱根神社 P92

結婚後も守護する神様
夫婦神・女神

日本神話には結婚した神々の姿が多く描かれています。夫婦となった２神をともに祀る神社は、縁結びだけでなく、夫婦円満や子授けなどのご神徳が発揮されます。また女神を祀る神社は女性の守護神として安産のご神徳があります。

●祀られている主な神社●

- 富士山本宮浅間大社 P91
- 川越氷川神社 P95
- 荒立神社 P96

神々が集って会議を行う
最高の縁結び神社!

良縁を結ぶ神社 第1位

全国の神様が縁結びを行う
出雲大社

【いずもおおやしろ】

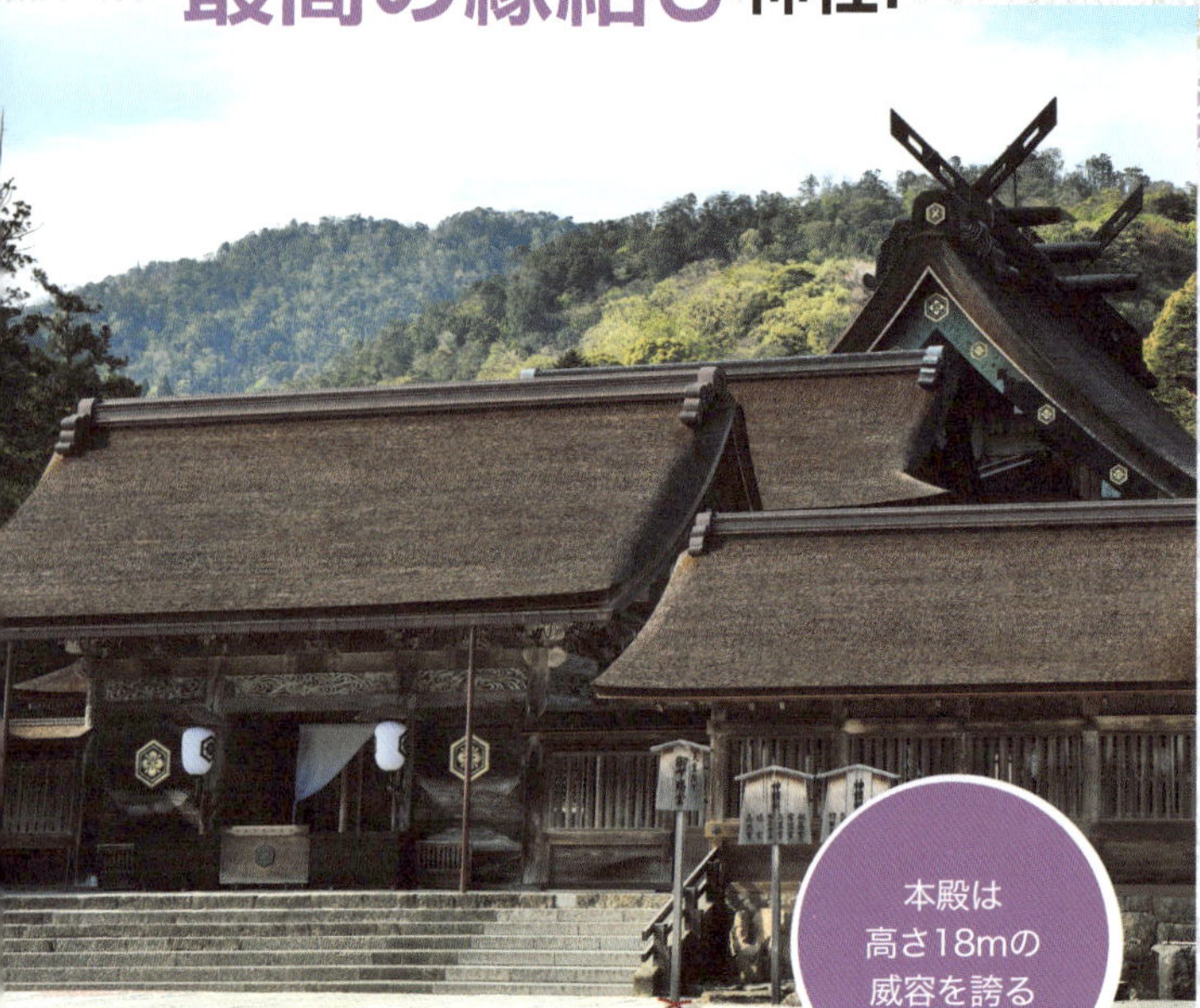

本殿は高さ18mの威容を誇る

ご利益ポイント

全国の神々が集まる唯一の神社

毎年旧暦10月には日本全国の神様が出雲大社に集まり、結婚相手などさまざまな縁を結ぶ会議を行うといわれています。

オオクニヌシは多くの良縁を持った神様

地上世界を統治していたオオクニヌシは、天上世界の神々が降臨すると自らを祀る壮麗な宮殿を建てることを条件に国を譲りました。こうして創建されたのが出雲大社です。オオクニヌシは、何人もの妻神を持ち180人もの子どもがおり、多くの良縁を持った神様です。縁結びの神様として全国から信仰されています。

神社データ

島根県出雲市大社町杵築東195
一畑電鉄出雲大社前駅から徒歩約5分
例祭(5月)
神存祭(旧暦11月)

開運スポット1

西側礼拝所

ご祭神と向き合って参拝できる！

出雲大社の本殿は南向きですが、ご祭神は西向きに祀られています。社殿に向かって左側に回るとご祭神と向き合える遥拝所があります。

開運スポット3

亀の尾の滝

出雲の清水が注がれる！

出雲大社の近くにある北島国造館にあり、オオクニヌシを助けたスクナヒコナを祀る小さな神社があります。

まだまだある！

開運スポット

祓社
厄を払ってご神徳UP！

神楽殿のしめ縄
日本最大級のしめ縄！

素鵞社
八雲山からの気が集まる！

開運スポット2

命主社《いのちぬしのやしろ》

神宝が出土した古代祭祀の場！

出雲大社の境外摂社で、樹齢約1000年のムクの木があり、世界のはじまりの際に生まれたカミムスビを祀ります。磐座が残る古代からの聖地です。

出雲大社に関わるキーワード

神在月
旧暦10月のことを神無月といいますがこれは出雲大社に神様が集まり不在になるため。反対に出雲では神在月と呼ばれます。

稲佐の浜
出雲大社にほど近い浜で、オオクニヌシが天上世界の神々に国譲りを行った舞台となった場所です。

宇豆柱
社殿を支える柱のことで、2000年に境内から巨大な宇豆柱が出土して、伝えられてきた巨大神殿が実在することがわかりました。

DATA 所在地 | アクセス | 主な行事

大楠の周りを回りながら願いごとを唱えると成就する！

良縁を結ぶ神社

第2位

木の神が祀られる樹齢2000年の大楠

來宮神社

【きのみやじんじゃ】

旅人にも福を与える神様

ご利益ポイント

古代から現在まで縁結びの聖地

古くより縁結びの信仰がある來宮神社がある熱海は、海外旅行が一般的ではなかった時代に新婚旅行の定番地でした。

1300年前に楠に創建された神社

約1300年前に漁師が熱海の海から木像を引き上げたところ、木の神であるイタケルが現れ、楠の洞に祀るように伝え、創建されました。その楠は現在も生き続け、樹齢約2000年の大楠として信仰を集めています。このほか、縁結びの神オオクニヌシと武勇の神ヤマトタケルを祀っています。

- 静岡県熱海市西山町 43-1
- JR伊東線来宮駅から徒歩約5分
- 大楠祭（5月）
例大祭（7月）

開運スポット1

大楠

神社創建の神籬（ひもろぎ）

ご祭神のイタケルが祀られた大楠で、１周すると寿命が１年延びるとされるほか、心願成就のご神徳があります。

開運スポット3

お水取り

運勢開運のご神水

飲むことで健康成就・運勢開運のご神徳があるとされるご神水。社務所で受け付けています（初穂料1000円）。

まだまだある！ 開運スポット

來宮弁財天
金華山黄金山神社から勧請された弁財天！

三峯神社
気守で知られる埼玉県の三峯神社から勧請！

楠への小路
日本固有の6000株が植生された邪気を払う参道！

開運スポット2

第二大楠

縁結びのご神木

洞には縁結びの神様であるオオクニヌシが祀られています。樹齢1300年の生命力あふれた楠です。

来宮神社に関わるキーワード

こがし祭り
ご祭神に感謝する例大祭では海辺でこがし麦を供えた故事からこがし祭りと呼ばれ、現在も百合根、橙、ところとともにお供えされます。

来福スイーツ
ご祭神に供えたところ喜ばれたとされるこがし麦や百合根などを用いたスイーツを境内の茶寮でいただけます。

酒難除け
來宮神社は忌の宮とも読めることから「悪いものから断つ」ご神徳があるとされます。

良縁

Kinomiyajinja

DATA 所在地 | アクセス | 主な行事

良縁を結ぶ神社
第3位

気が生じる根源である「気生根《きふね》」のご神徳！

和泉式部を復縁させた 貴船神社

【きふねじんじゃ】

ご祭神の使いである白鷺と同じ白色の社殿

ご利益ポイント

平安時代から縁を結んできた神様

平安時代の歌人の和泉式部は別れた夫への切ない思いを歌にして貴船神社で祈り、のちに復縁を果たしました。

山上の龍神と谷底暗闇の龍神を祀る

本宮、結社（中宮）、奥宮の3社があり、ご祭神のタカオカミ（本宮）は山上の龍神、クラオカミ（奥宮）は谷底暗闇の龍神ともいわれる水の神様です。結び社に祀られるイワナガヒメは、醜い容姿のため結婚できず、人々のために縁結びの神様となりました。美しいご神水が湧き出ることから、神社名は「きふね」と濁らずに読みます。

神社データ

- 京都市左京区鞍馬貴船町180
- 叡山電車貴船口駅から京都バスで約5分、貴船バス停下車徒歩約5分
- 初辰大祭（1月）
  貴船祭（6月）

開運スポット1

結社

縁を結ぶ「恋の宮」

ご祭神の岩の女神であるイワナガヒメは、醜かったためにニニギと結婚できず、以来、人々のために縁結びの神様になりました。

開運スポット3

ご神水(本宮)

本宮社殿前の岩から湧き出る霊水

夏は冷たく、冬は不思議なぬくもりがある霊水で、水の神である貴船神社の気をいただけます。

まだまだある!

開運スポット

天乃磐船(結社)
人と人を結ぶ縁結びの霊石!

船形岩(奥宮)
タマヨリヒメが乗った黄色い船が隠されている!

思ひ川(奥宮)
和泉式部が夫を思って身を清めた川!

開運スポット2

奥宮

女神が黄色い船に乗って降臨

貴船神社創建の地で、女神タマヨリヒメが黄色い船に乗って降臨したとされます。

貴船神社に関わるキーワード

ニニギとイワナガヒメ

降臨したニニギは美しいコノハナノサクヤヒメに一目惚れして求婚したところ、父神は姉のイワナガヒメもともに娶るようにいいました。しかし、ニニギは容姿を理由にイワナガヒメを断り、以降ニニギの子孫は岩のような生命力を持たなくなったとされます。

龍穴

奥宮の本殿の真下には大きな穴があいており、誰も見ることが許されません。

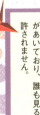

良縁を結ぶ神社

第4位

東京大神宮

【とうきょうだいじんぐう】

神前結婚式をはじめた東京のお伊勢さん

明治時代に創建された首都のお伊勢さん

女神とムスビの神様がご祭神 女性の縁結びに特にご神徳大!

開運スポット

飯富稲荷神社

9代目市川團十郎が信仰

東京大神宮が日比谷にあった頃から境内で祀られていた地主神で、ご神徳をさらにアップします。

まだまだある! 開運スポット

せせらぎの池

夏になるとホタルが生息する池で、たたずむことで悪い気を浄化してくれる。

ご利益ポイント

明治時代に最初に神前結婚式をはじめた神社

明治時代に皇太子(後の大正天皇)の結婚式を記念して、それまで家庭で行うのが一般的だった結婚式を初めて神社で行い、神前結婚式を普及しました。

- 東京都千代田区富士見2-4-1
- JR中央・総武線飯田橋駅から徒歩約5分
- 例祭(4月)
  七夕祈願祭(7月)
  秋季大祭(10月)

良縁を結ぶ神社

第5位

富士山本宮浅間大社

【ふじさんほんぐうせんげんたいしゃ】

天孫に一目惚れされた山の女神

花の女神を祀り
美容＋縁結びに
ご神徳を発揮！

境内には約500本の桜の木がある

まだまだある！

開運スポット

ご神木
拝殿前のしだれ桜には美のご神徳が！

富士山山頂
富士山8合目以上は奥宮の境内地で強力なご神徳スポット！

境内の桜
桜が咲く季節はさらにご神徳がUP！

開運スポット

湧玉池

富士山の伏流水が湧く

富士山の地層を通った透き通った水が湧き出しています。水屋神社でお水取りもでき、富士山が育んだ気をいただくことができます。

ご利益ポイント

超スピード婚した美の女神

富士山の守護神であるコノハナノサクヤヒメは、地上世界に降臨したニニギに一目惚れされて結婚し、皇祖を産みました。美の女神として特に女性のご神徳があります。

神社データ

⛩ 静岡県富士宮市宮町1-1

JR身延線富士宮駅から徒歩約10分

開山祭（7月）
例祭（11月）

DATA 所在地 | アクセス | 主な行事

良縁を結ぶ神社

第6位

善神となった芦ノ湖の九頭龍
箱根神社
【はこねじんじゃ】

九頭龍神社(新宮)の龍神水で恋愛運UPのご神徳!

ニニギとコノハナノサクヤヒメ、子神を祀る

まだまだある!

開運スポット

平和の鳥居
芦ノ湖の気が集まる鳥居!

けけら木
芦ノ湖の気を吸収した木の化石!

安産杉
古代祭祀の神籬(ひもろぎ)!

開運スポット

九頭龍神社(新宮)
芦ノ湖の九頭龍を祀る神社の分社

芦ノ湖にある九頭龍神社(本宮)から分霊された神社で、近くには龍神水を汲める水場があります。

ご利益ポイント

大きな霊威を発揮する9つの頭を持つ龍

芦ノ湖に住む九頭龍が里人を苦しめていたところ、高僧が懲らしめて善神となり、金運・縁結びなどにご神徳を発揮するようになりました。

神社データ

- 神奈川県足柄下郡箱根町元箱根80-1
- 箱根登山鉄道箱根湯本駅から伊豆箱根バスで約40分、元箱根バス停下車、徒歩約10分
- 九頭龍神社(本宮)例祭(6月)
  例大祭(8月)

良縁を結ぶ神社

第7位

2つの恋占いの石の間を目をつぶって辿り着ければ恋愛成就！

恋占いの石を挟んで本殿と拝殿がある

縄文時代にできた恋占いの石

地主神社

【じしゅじんじゃ】

開運スポット

恋占いの石

太古から信仰されてきた霊石

調査によって縄文時代の祭祀遺物と判明した一対の石が10mほど離れて置かれており、目をつぶってもう一つの石に辿り着ければ恋愛が成就します。

まだまだある！

開運スポット

銅鑼（ドラ）
3度軽く打てば良縁が授かる！

良縁大国
契り糸を結びつければ良縁に恵まれる！

撫で大黒さん
小槌を撫でれば良縁が授かる！

ご利益ポイント

オオクニヌシと義父母・義祖父母を祀る

縁結びで有名なオオクニヌシと、父スサノオと母クシナダヒメ、さらに母方の祖父母の2組の夫婦神を祀り、幾重にも重なる縁を結ぶご神徳があります。

京都市東山区清水1-317

京阪電鉄清水五条駅から徒歩約30分

地主祭（5月）
恋愛成就七夕祭（7月）

DATA 所在地 ｜ アクセス ｜ 主な行事

良縁を結ぶ神社

第8位

白山比咩神社

【しらやまひめじんじゃ】

神様と神様を仲裁した女神

人と人の縁を「括る」ククリヒメを祀る!

霊峰白山への登拝拠点として創建

開運スポット

表参道

清らかな気が邪気を払う!

表参道には老杉が並び湧水が流れています。清らかな気に満ちており、邪気を払ってくれます。

まだまだある!

開運スポット

白山奥宮遥拝所
霊峰白山の気とつながる開運スポット!

白山霊水
白山の霊気が込められた延命長寿の水!

舟岡山
白山比咩神社が最初に創建された聖地!

ご利益ポイント

2神を仲直りさせた女神を祀る白山神社の総本社

ご祭神のククリヒメは死の国から逃げるイザナギと追うイザナミの間に入り仲裁をしました。ククリは括るに通じ、縁結びの神様として信仰されます。

石川県白山市三宮町二105-1

北陸鉄道石川線鶴来駅から加賀白山バスで約5分、一の宮バス停から徒歩約5分

例大祭(5月)
白山奥宮大祭(7月)

良縁を結ぶ神社

第9位

川越氷川神社【かわごえひかわじんじゃ】

赤い糸の授与品が人気の縁結び神社

良縁に霊験あらたかな玉砂利でつくられた縁結び玉が人気!

縁結びのお守り、授与品が充実

開運スポット

御神木

8の字に回ると心願成就

樹齢800年を超える2本のケヤキで、願いを思って8の字に回ると願いが叶うといわれています。

まだまだある!

開運スポット

絵馬トンネル
人々の願いの力をいただく!

小川
人形(ひとがた)を流して心身を浄化!

むすびcafé
お供えした材料(一部)でつくられた縁結びスイーツ!

ご利益ポイント

日本神話で最も仲がいい夫婦神を祀る

スサノオとクシナダヒメを祀り、境内の玉砂利を大切にすると良縁に恵まれると古来からいわれており、巫女が麻の網に包み、神職が祈願した縁結び玉があります。

神社データ

埼玉県川越市宮下町2-11-3

西武新宿線本川越駅から徒歩約20分

縁結び風鈴(夏季)
例大祭(10月)

DATA 所在地 | アクセス | 主な行事

良縁を結ぶ神社 第10位

荒立神社【あらたてじんじゃ】

天上の神と地上の神が結ばれた地

天上世界と地上世界の間で出会った2神が結ばれた新居!

荒木でつくられた珍しい社殿

開運スポット

鎮守の森

本殿を囲むように生える木々

ご祭神が宮を立てた故事を彷彿とさせる木々が本殿の周囲に自生し、包まれるような気に満ちています。

まだまだある! 開運スポット

未来板木
願いを込めて7回打つと、出会い、愛情、癒やしのご神徳があるとされます。

七福徳寿板木
未来板木と同様に7回打つと縁結びなど7つの運気がUPするといわれています。

ご利益ポイント

天上の神アメノウズメと地上の神サルタヒコの結婚

天孫ニニギとともに地上へ降臨したアメノウズメと、地上世界からニニギ一行を出迎えたサルタヒコの2神はこの地で新居を構えて結婚しました。

宮崎県西臼杵郡高千穂町大字三田井667

高千穂バスセンターから徒歩約15分

夏季大祭(7月)

やえがきじんじゃ

八重垣神社

古事記にも登場する 神様が結婚した恋愛の聖地

太い注連縄が印象的な大社造の本殿

まだまだある! 開運スポット

夫婦椿
ご祭神が植えた夫婦和合のシンボル。

大杉の跡
神話時代の大杉があったと伝わる地。

開運スポット

鏡の池

女神が鏡に用いた良縁の池

占い用の和紙にコインを乗せ池に浮かべ、沈む様子から縁を占います。池端の天鏡神社にもお参りを。

ご利益ポイント
縁結びと子授けの神
スサノオがヤマタノオロチから女神を守り夫婦となった良縁の最強聖地。心から願えばスサノオのような頼れるパートナーに巡り会えるかもしれません。

島根県松江市佐草町227
JR松江駅から車で約12分

ふたみおきたまじんじゃ

二見興玉神社

伊勢のシンボル 二見浦の夫婦石を望む神社

境内には「無事カエル」の置物がいっぱい

まだまだある! 開運スポット

龍宮社
八大龍王を祀る海の神様の神社。

天の岩屋
アマテラスが身を隠された場所とも。

開運スポット

夫婦岩

写真映えも最高の聖地

沖にあるご祭神の霊石に向かう鳥居でもあります。岩の間から昇る朝日を浴びると最高の浄化に。

ご利益ポイント
ラブラブの夫婦神
二見浦は古来伊勢参詣者が身を清めた浜。ご祭神のサルタヒコとアメノウズメは仲のよい夫婦神としても有名で夫婦がより絆を強めるのにもご神徳があります。

三重県伊勢市二見町江575
JR参宮線二見浦駅から徒歩約15分

DATA 所在地 | アクセス

おのころ島神社《おのころしまじんじゃ》

日本最初の夫婦神が国土を生んだ最古の聖地

高さ約21mの大鳥居がシンボル

まだまだある! 開運スポット

安産のお砂所
神聖な矛から滴ったパワーある塩砂。

三鈷の松
葉が3本に分かれた縁起物。

ご利益ポイント
国生みの聖地
最初の夫婦の神イザナギとイザナミの新居に創建された良縁祈願には最高の聖地。ここで国土を生んだことから安産、子授けのご神徳もあります。

開運スポット

鶺鴒(せきれい)石

参拝方法は3パターン

出会いは白、赤の綱の順、絆を深めたい時は逆の順で綱を持ち、カップルは赤白の綱を1本ずつ持ち祈願します。

⛩ 兵庫県南あわじ市榎列下幡多415
📍 島内高速バス榎列停車場から徒歩約10分

筑波山神社《つくばさんじんじゃ》

つくばのシンボル 男体山と女体山の神をまつる

巨大な銅鈴がインパクト大 造営は明治時代

まだまだある! 開運スポット

白蛇弁天
白蛇が住み、見ればお金持ちに。

小原木神社
不動の巨石北斗岩に鎮座する社。

ご利益ポイント
山そのものがご神体
筑波山がご神体で山中すべてが聖域になっています。男体山と女体山の両山頂に祀られる夫婦の神を両方参拝すれば授かるご神徳は倍以上ともいわれます。

開運スポット

弁慶七戻り

俗界と聖地を分ける自然の門

女体山山頂近くにある奇岩で聖域への入り口というとても神聖な場所。清浄な気の通り道とも。

⛩ 茨城県つくば市筑波1
📍 つくばエクスプレスつくば駅から車で約30分

あおしまじんじゃ

青島神社

海幸山幸神話の舞台 聖なる島に鎮座する古社

南国の趣が感じられる極彩色の社殿

まだまだある! 開運スポット

亜熱帯性の社叢
熱帯植物独特のエネルギーが充満。

弥生橋
島と対岸をつなぐパワーの通り道。

開運スポット

鬼の洗濯板

大自然が生み出した奇観

島全体を取り囲む約700万年前の地層が波に洗われできた景勝。大地と海からのパワーがあふれます。

ご利益ポイント

特別天然記念物の島

かつては立ち入りも禁止だった強い力に満ちた島。ご祭神が龍宮から戻り龍神の姫と結ばれた宮跡といい伝えられます。島にいるだけでご神徳が得られます。

⛩ 宮崎県宮崎市青島2-13-1
📍 JR日南線青島駅から徒歩約10分

うどじんぐう

鵜戸神宮

安産、子育ての霊石がある 皇室ゆかりの神社

なんと本殿は洞窟のなかに

まだまだある! 開運スポット

吾平山陵
皇室の祖先を祀る神聖なエリア。

霊石亀石
背中のくぼみに運玉が入ると良縁。

開運スポット

お乳岩

女神が乳房をつけた岩

愛する我が子を育てるため女神が自らの乳房をつけたという岩。水滴に子育てのご神徳あり。

ご利益ポイント

龍宮の女神様

山幸彦と結ばれた龍宮の姫がここから上陸し出産したという場所に建てられています。安産や子育てをはじめ、素晴らしい男性に巡り合うご神徳も。

⛩ 宮崎県日南市大字宮浦3232
📍 JR日南線油津駅から車で約25分

DATA ⛩ 所在地 | 📍 アクセス

日光二荒山神社《にっこうふたらさんじんじゃ》

秋の2ヶ月間「良い縁まつり」が開かれる

江戸前期に建てられた重要文化財

栃木県日光市山内2307

JR日光駅、東武日光駅から徒歩約30分

開運スポット

縁結びのご神木

すきなら一緒に！

杉と楢の木が並んで生えているため、「すきなら一緒」との言霊で縁結びのご利益がある。

ご利益ポイント

秋は良縁の季節

縁結びの神オオクニヌシを祀る二荒山神社を中心に9〜11月に「日光良い縁まつり」が開かれます。期間限定のお守りや良縁の笹の輪くぐりなどが有名です。

まだまだある！ 開運スポット

縁結びの笹
恋以外にもあらゆる良縁に恵まれる。

滝尾神社
子授けの霊石・安産子種石がある。

足利織姫神社《あしかがおりひめじんじゃ》

布も良縁も織り上げる機織りの女神がご祭神

真っ赤なコンクリート社殿は1937年建造

栃木県足利市西宮町3889

JR両毛線足利駅から徒歩約30分

開運スポット

縁結び七色鳥居

7つのご神徳を授かる

ご祭神の7つのご神徳をあらわした7色の鳥居をすべてくぐると、縁結びのご神徳も強大に！

ご利益ポイント

良縁を織り成す女神

ご祭神は機織りを司る男神と、神々の服を織る女神（織姫）。織姫は人々のさまざまな縁の糸を織り上げる神でもあり縁結び神社として信仰されます。

まだまだある！ 開運スポット

愛の鐘
ふたりで一緒に鳴らすと幸せに。

機神(はたがみ)山山頂古墳
織姫山(機神山)の古代からの聖地。

走水神社《はしりみずじんじゃ》

弟橘媛とヤマトタケルの夫婦愛の物語が残る神社

参道は
海に向かって
まっすぐ延びる

まだまだある! 開運スポット

手水舎のお砂
旧鎮座地の海岸の砂を清めたもの。

山頂三社
土地の気があつまる山頂にある社。

ご利益ポイント
自己犠牲の愛
弟橘媛は自らの命を犠牲にし夫ヤマトタケルを救った女神。当社は心から愛せる相手を見つけたい時にお参りしたい。中途半端な気持ちだとNGです。

開運スポット
弟橘媛命の記念碑
弟橘媛の歌が刻まれる
愛に殉じたご祭神を記念する石碑。社殿奥、海からのパワーが流れる山腹に建立されている。

⛩ 神奈川県横須賀市走水2-12-5
📍 京急馬堀海岸駅からバスで約10分

妻恋神社《つまこいじんじゃ》

ヤマトタケルが愛する妻を偲んで創建

純白に
化粧を施された
ご社殿

まだまだある! 開運スポット

神田神社
当社徒歩4分。江戸で屈指の神社。

湯島聖堂
当社徒歩6分。孔子を祀る聖堂。

ご利益ポイント
妻を想う愛のかたち
当地に滞在したヤマトタケルが亡き妻を偲んで建立したという、ご祭神の夫婦愛の神社。近年復刻された七福神宝船柄の「吉夢」守りでも有名です。

開運スポット
妻戀稲荷
聖なる地に祀られたお稲荷さん
湯島は神聖な水際の地である斎島(ゆしま)を表し、低地で稲作が行われ稲荷神社が祀られました。

⛩ 東京都文京区湯島 3-2-6
📍 JR御茶ノ水駅から徒歩約10分

DATA ⛩ 所在地 | 📍 アクセス

上賀茂神社《かみがもじんじゃ》

平安時代から良縁子授けで
有名だった京都きっての古社

開運スポット

片岡御子神社
神様と結ばれた姫がご祭神。

ならの小川
悪い縁を流し去るご神徳が。

ご利益ポイント
あの紫式部も参拝紫式部も参拝した京都屈指の古社。子授け、安産のご神徳も。

⛩ 京都府京都市北区上賀茂本山339
📍 地下鉄烏丸線北山駅より徒歩約25分

下鴨神社《しもがもじんじゃ》

鴨川の合流点にある
京都を守護する要の神社

開運スポット

相生社（あいおいのやしろ）
社を三周して神様にお願いする。

連理の賢木
2本の木が交わった良縁のシンボル。

ご利益ポイント
糺の森は気の源泉鴨川の合流点にあり、よい気の流れは京都でも一、二の場所とも。

⛩ 京都府京都市左京区下鴨泉川町59
📍 京阪電車出町柳駅から徒歩約12分

戸隠神社《とがくしじんじゃ》

願いごとを現実に変える
最強の神様

開運スポット

九頭龍社
願いを実現してくれる戸隠山の主。

火之御子社
境内の夫婦杉もあわせてお参りを。

ご利益ポイント
パワーに満ちた山戸隠山中は開運スポットが目白押し。1日かけてでも参拝したい。

⛩ 長野県長野市戸隠3506（中社）
📍 長野駅から車で約40分（中社）

氣多大社《けたたいしゃ》

恋愛成就のお礼は
これまでに77000件以上

開運スポット

入らずの森
奥宮が鎮座する神秘的な原生林。

むすび神苑の石
小石を積むと幸せに。

ご利益ポイント
北陸最強の恋愛神社縁結びのご神徳が突出。神社公式HPからweb上で祈願もできます。

⛩ 石川県羽咋市寺家町ク1−1
📍 JR七尾線羽咋駅から車で約10分

玉前神社《たまさきじんじゃ》

出雲大社につながる「太陽の道」の東の起点

開運スポット

一の鳥居
真東を向く太陽の力を呼び込む鳥居。

はだしの道
裸足で3周すると大地の力GET。

ご利益ポイント
縁結びのライン
ちょうど真西に出雲大社があり、両社の間をパワーが流れます。

⛩ 千葉県長生郡一宮町一宮3048
📍 JR外房線上総一ノ宮駅から徒歩約8分

伊豆山神社《いずさんじんじゃ》

紅白2体の龍が守護する山 海まで続く参道にもパワー

開運スポット

結明神社
男女の縁を結ぶ夫婦の神様。

走り湯
海岸にある伊豆山のパワーの源。

ご利益ポイント
一直線に力が上昇
走り湯から山頂の本宮まで続く気の流れは関東トップクラス。

⛩ 静岡県熱海市伊豆山708-1
📍 JR熱海駅から車で約8分

竈門神社《かまどじんじゃ》

博多っ子はみんな知ってる 心を引き合わせてくれる神社

開運スポット

愛敬の石
目を閉じて2つの石を触ると恋が成就。

水鏡
ここで心を清めてお願いごとを。

ご利益ポイント
お守りも建物もカワイイ
ご祭神の女神は魂と魂を引き合わせてくれるといわれます。

⛩ 福岡県太宰府市内山883
📍 西鉄太宰府駅から徒歩約40分

車折神社《くるまざきじんじゃ》

あらゆる芸事とご縁を結ぶ 有名人が集う芸能の神社

開運スポット

清めの社
悪運がリセットされる神社。

芸能神社
境内には著名人の名前がびっしり。

ご利益ポイント
あらゆる縁を結ぶ
恋愛はもちろん仕事上の良い縁ももたらしてくれる結びの神社。

⛩ 京都府京都市右京区嵯峨朝日町23
📍 京福電車車折神社駅からすぐ

DATA ⛩ 所在地 | 📍 アクセス

生田神社《いくたじんじゃ》

**アマテラスの妹といわれる
良縁を織り上げる女神**

開運スポット

生田森坐社
女性の守り神神功皇后をお祀り。

生田の森の小川
井戸から汲み上げる清浄な水流。

ご利益ポイント
親しまれる「いくたさん」
境内の池の水に浸すと文字が浮かんでくる「水みくじ」も人気。

⛩ 兵庫県神戸市中央区下山手通1-2-1
📍 JR三ノ宮駅から徒歩約10分

今戸神社《いまどじんじゃ》

**今や縁結びの超定番！
招き猫ゆかりの良縁神社**

開運スポット

境内の招き猫
なでれば招運のご神徳。

社務所
招き猫グッズがずらっと並ぶ。

ご利益ポイント
ネコ好きも必見
境内は招き猫だらけ。よいご縁を招いてくれること間違いなし。

⛩ 東京都台東区今戸1-5-22
📍 地下鉄浅草駅から徒歩約14分

恋木神社《こいのきじんじゃ》

**日本でたった一社だけ
恋愛専門の神様**

開運スポット

モチの木
ふたりの仲をとりモチの木。

ハート鳥居
10個のハート型が飾られている。

ご利益ポイント
とにかくハートだらけ
「恋命（こいのみこと）」を祀るのは全国でも唯一。境内の隠れハートを探そう。

⛩ 福岡県筑後市水田62-1
📍 JR羽犬塚駅から車で約5分

夫婦木神社《みょうとぎじんじゃ》

**夫婦和合のご霊木
カップルでのお参りに最適**

開運スポット

夫婦木
男女のシンボルの形をした奇木。

姫の宮
本社とあわせて参拝でご神徳UP。

ご利益ポイント
夫婦にご利益絶大
縁も結ぶし、結ばれたあとの男女の仲をより深めるご神徳も。

⛩ 山梨県甲府市御岳町2041
📍 JR甲府駅から車で約30分

和多都美神社《わたづみじんじゃ》

龍宮の神が暮らしたという
神話の島の神社

開運スポット

海中に建つ鳥居
海から続く参道はパワーの通り道。

豊玉姫陵
ご祭神が眠るという聖域。

ご利益ポイント
海の霊力を感じる社
海へと延びる参道からは海の神のパワーが流入。境内には霊石も。

⛩ 長崎県対馬市豊玉町仁位字和宮55
📍 対馬空港から車で約40分

鴻神社《こうじんじゃ》

悪運を切り、良縁を結ぶ！
こうのとり伝説が残る神社

開運スポット

三狐稲荷神社
悪縁切り、両縁結びのお稲荷様。

幸の宮弁天社
諸芸上達と女子力アップのご神徳。

ご利益ポイント
縁結びと縁切り
こうのとり伝説が残る鴻巣の総鎮守です。カップル、夫婦にご神徳あり。

⛩ 埼玉県鴻巣市本宮町1-9
📍 JR高崎線鴻巣駅から徒歩約8分

白兎神社《はくとじんじゃ》

オオクニヌシの結婚をサポートした日本最初の仲人の神様

開運スポット

恋坂
オオクニヌシゆかりの清水が湧出る。

恋島
オオクニヌシが女神に想いを寄せた島。

ご利益ポイント
ご祭神は因幡の白兎
オオクニヌシは、白兎の言霊のパワーで女神と結ばれたといわれます。

⛩ 鳥取県鳥取市白兎603
📍 JR鳥取駅から日の丸バスで約40分、白兎神社前バス停下車すぐ

普天間宮《ふてんまぐう》

女神が篭った洞窟が残る
沖縄本島中部最大の聖地

開運スポット

境内洞窟
女神が篭った場所といわれる洞窟。

陰陽石
自然が生み出した生命力のシンボル。

ご利益ポイント
洞穴にすごいパワー
女神が篭った伝説のある洞窟内には神々しい気が充満しています。

⛩ 沖縄県宜野湾市普天間1-27-10
📍 普天間バス停留所からすぐ

DATA ⛩ 所在地 | 📍 アクセス

男女神社《なんにょじんじゃ》

イザナギ・イザナミをまつる縁結び、子授けの社

開運スポット

鞘(さや)の神
男女のシンボル型をした陰陽石。

境内ベンチ
佐賀平野からのパワーが集中。

ご利益ポイント
絶景からも気が流入山の上にあり佐賀平野を一望。平野の気が神社に流れてきます。

⛩ 佐賀県佐賀市大和町久留間5109
📍 JR唐津線小城駅から車で約25分

新田神社《にったじんじゃ》

空襲の傷跡からも再生した強いパワーを持ったご神木

開運スポット

LOVEの石碑
写真を撮ると恋が叶うとされる。

欅のご神木
東京有数のパワーとも。

ご利益ポイント
破魔矢発祥の神社名将として知られるご祭神・新田義興が幸せへと導いてくれます。

⛩ 東京都大田区矢口1-21-23
📍 東急多摩川線武蔵新田駅から徒歩約3分

弓削神社《ゆげじんじゃ》

ご縁を結び、相手の浮気も封じてくれる神様

開運スポット

陽石
境内のあちこちにある子宝の象徴。

浮気封じの奉納
悪い癖を神様が封印。

ご利益ポイント
2社でワンセット女神を祀る近くの弓削神宮を一緒にお参りするとさらにご神徳があります。

⛩ 熊本県熊本市東区弓削町258
📍 JR豊肥本線光の森駅から徒歩約20分

氷川女體神社《ひかわにょたいじんじゃ》

見沼の龍をお祀りした埼玉を代表する古い神社

開運スポット

磐船祭祭祀遺跡
龍神の祭祀をしていた聖地の跡。

ご神木
クマの顔のようコブがある。

ご利益ポイント
水のパワースポット干拓された大湖・見沼の龍神を祀り、水の気の流れの要衝に建ちます。

⛩ 埼玉県さいたま市緑区宮本2-17-1
📍 JR武蔵野線東浦和駅から車で約10分

DATA ⛩ 所在地 | 📍 アクセス

まだまだある良縁を結ぶ神社

恋の水神社《こいのみずじんじゃ》	愛知県知多郡美浜町奥田中白沢92-91	名鉄知多奥田駅から徒歩約20分	恋の水を紙コップに注ぎ、願いごとを書いて神様に奉納します。
鳴無神社《おとなしじんじゃ》	高知県須崎市浦ノ内東分鳴無	JR土讃線多ノ郷駅から車で約19分	皇太子ご夫妻のご成婚の縁も結んだという高知の縁結び神社。
岩木山神社《いわきやまじんじゃ》	青森県弘前市百沢寺沢27	JR弘前駅から車で約35分	逆立ちした狛犬の写真を撮って携帯すると恋の願いが成就します。
卯子酉神社《うねどりじんじゃ》	岩手県遠野市下組町2地割	JR遠野駅から徒歩約40分	赤い布を左手だけで木に結びつけられれば想う相手と結ばれます。
浮木神社《うききじんじゃ》	秋田県仙北市西木町西明寺潟尻	秋田内陸鉄道八津駅から車で約15分	田沢湖の女神に恋した男神が求婚に訪れた場所と伝えられます。
馬橋稲荷神社《まばしいなりじんじゃ》	東京都杉並区阿佐谷南2-4-4	JR阿佐ヶ谷駅から徒歩約10分	昇り竜・降り竜のついた鳥居に触れて願うと願いが天に届けられます。
葛原岡神社《くずはらおかじんじゃ》	神奈川県鎌倉市梶原5-9-1	JR北鎌倉駅から徒歩約19分	男女2つの縁結び石があり、五円玉を注連縄に結びつけてお願いをします。
伊豆神社《いずじんじゃ》	滋賀県大津市本堅田1-19-26	JR堅田駅から徒歩約20分	境内にある幸せを呼ぶハート石に触って願うと恋が叶うといわれます。
酒呑童子神社《しゅてんどうじじんじゃ》	新潟県燕市国上5866-1	JR弥彦駅から車で約8分	元美男子だった酒呑童子が縁結び、恋文のご利益を与えてくれます。
天津神社《あまつじんじゃ》	新潟県糸魚川市一の宮1-3-34	JR糸魚川駅から徒歩約10分	縁結びの神オオクニヌシが求婚した美しい女神を祀る恋の神社。

コラム
column

願いが叶う！境内散策のポイント⑤

聖界と俗界の境界には特別な力が集まる！

鳥居

聖界と俗界の境界は特別な地とされました。富士山本宮浅間大社の本宮は富士山の麓にあり、山頂には奥宮があります。

ポイント1 鳥居は最初の開運スポット！

神社の入り口には神様のお力が集まる

神社の入り口にある鳥居は、人が住む俗界と神様が住む聖界とを分ける境界を表しています。この聖界と俗界の境界は特別な力が集まる場所とされます。

このことは山岳信仰に由来する神社を見ればわかります。日本では人が住む里に対して山は神様が住む聖域と考えられてきました。そのため、山頂には神様を鎮める奥宮が建立され、里と山中を分ける境界地に里宮が創建されています。鳥居も同様に聖界と俗界の境界を分ける象徴的な場所であり、単なる門ではない特別な場所なのです。心静かに丁寧に一礼をしてから鳥居を通るようにしましょう。

本殿の神様に対して摂社は家族、末社は同僚!

ポイント2
境内の摂社・
末社巡りで
神様のお力を
高めよう!

摂社

本殿に祀られる神様の近親者や祖神、地主神などゆかりが深い神様を祀ります。写真は熱田神宮の摂社・上知我麻神社で尾張の地を治めた地主神を祀ります。

境外摂社

摂社や末社は境内の外にある場合もあります。写真は熱田神宮の摂社・氷上姉子神社でご祭神はヤマトタケルの妃で熱田神宮を創建したミヤスヒメであります。

末社

本殿に祀られる神様とは関係なく祀られる神様。小さな祠のようなものから社殿を持つものまでさまざまあります。写真は熱田神宮の末社。

本殿→摂社→末社の順番に参拝する

神社の境内には本殿以外に、小さな神社があることが一般的です。これらは摂社や末社と呼ばれています。摂社とは、本殿に祀られる神様とゆかりが深い神様を祀ります。例えば、本殿の神様の配偶者や子神、荒《あら》御《み》魂《たま》(恵みをもたらす和《にぎ》御《み》魂《たま》に対して荒々しい側面の神霊)、地主神などです。末社は、本殿の神様とは関係なく勧請された神社や地域に祀られていた神社を遷座したものです。摂社は本殿の神様の近親者、末社は本殿の神様の同居人あるいは同じ神域に鎮座する同僚といえるでしょう。本殿参拝後には、本殿の神様と縁が深い摂社、末社の順に参拝するとよいでしょう。

神社信仰のベースにある
ご神木は
神様のお力の象徴!

ご神木

木は神様が宿る依り代と考えられ、本殿に近い木や巨木・古木などは聖なる木とされます。

ポイント③

ご神木は大地の力が集中するポイント

聖域である境内の気を集めた木

神社にある森林を「鎮守の杜《もり》」あるいは「社叢《しゃそう》」といいます。日本には古代より木に神様が宿るとする神籬《ひもろぎ》信仰がありました。また神社は太古の時代に始まった自然信仰がベースにあり、さまざまな生命を育む森が神社とセットとなっているのです。神社にある木々の中でも特に大切にされるのがご神木です。神社の木々は聖域である境内の気を吸収して成長しています。その中でも樹齢が長い木や巨木、あるいは本殿に近い木がご神木になります。ご神木は目に見えない神様の気のお力が目に見えるかたちとして生育した木といえるでしょう。小銭を差すなど、ご神木を傷つけるようなことはやめましょう。

神棚に祀ることで神様と共に**ご神水**をいただくことに!

ポイント4
ご神水は神棚にお祀りしよう！

ご神水

神社に流れる清流や湧水は、「穢れを祓う」「延命長寿」といった特別な力があるとされます。ご神水を汲むことが許されている場合、注意書きに従っていただきましょう。

ご神水は神様の気がこもったもの

日本には、一級河川だけで約1万4千あり、世界的にみても水の豊かな国といえます。また山地が多いことから清流が多くあるのが特徴です。水は生命の根幹であり、神域である神社から湧き出る水には特別な力があると考えられてきました。

神社によっては、境内に湧き出る水を汲める場合があります。煮沸の必要性の有無などの注意書きを確認してから汲むようにしましょう。その場で飲んでもよいですが、神棚がある場合、ご神水を持ち帰りお供えすることもオススメです。神様にお供えしたご神水を飲むことは、神様と共に飲むことになり、神様のお力を直接いただけます。

神社の信仰は「感じる信仰」
境内で神様の気を吸い込もう!

ポイント5
「気持ちいい」と感じる場所で深呼吸しよう!

神社の霧

聖域の気が込められる霧や境内を吹く心地よい風など、全身で神社の気を感じることが大切。

自分自身の開運スポットを探そう

日本の神様は目に見える存在ではありません。また神社の信仰に教えや戒めはありません。神様は目に見えず、ものをいわない存在です。神社とは、本や映像のように情報を頭で理解するのではなく、言葉にできないものを感じる場所といえるでしょう。

多くの人が神社に参拝すると清々しい気持ちになった経験があると思います。さらに注意すれば、境内の中で特に気持ちがいいと感じる場所があるはずです。このような場所は神様の気が満ちている場所かもしれません。深呼吸をして神様のご神気を体いっぱいにいただくとよいでしょう。

成功者信仰

第4章

成功をもたらす神社50

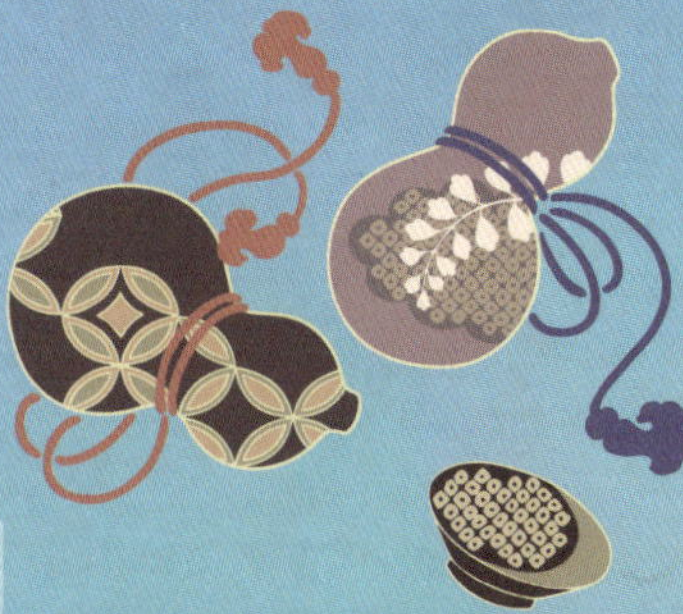

成功のご神徳がある神様図鑑

戦の神様 武神

強い力で**勝利**をもたらす！

●祀られている主な神社●

- 諏訪大社 P123
- 熱田神宮 P124
- 神田神社 P125

仕事には競争がつきものです。そのため、勝利が求められる武の神様が信仰されます。神話に登場するタケミカヅチやタケミナカタ、日本全国を平定したヤマトタケル、また近代では東郷平八郎、乃木希典などが挙げられます。

仕事は神様も行う尊い行為

日本神話では神々がモノをつくったり、働く姿が描かれています。仕事は世界を豊かにする尊いものとして描かれているため、日本の神様は仕事の成功などにもご神徳を発揮します。勝利をもたらす武神、実際に成功を収めた偉人、仕事をする職能神などが仕事運を高める神様として信仰されます。また職業の守護神だけでなく、企業の守護神も存在し、有名企業では自社の敷地内に神社を創建する例も少なくありません。

偉人

才覚を持った歴史上の人物

立身出世
した人の力に
あやかる！

人間も神様の分霊と考えるため、ほかよりも優れた才能を発揮した人を神様として祀る信仰があります。歴史上の偉人が発揮した力がご神徳となり、立身出世を志す多くの人に信仰されています。

●祀られている主な神社●

- 高麗神社 P118
- 明治神宮 P128
- 日光東照宮 P137

職能神

職業の守護神

神様も
仕事をする！

日本神話では神々も仕事をすることがあり、その仕事の祖神とされます。また特定の職業に縁が深い神様はその職業の守護神とされます。仕事は神様も行う尊い行為という考え方があるため、仕事の無事と成功にご神徳を発揮します。

●祀られている主な神社●

- 宗像大社 P120
- 忌部神社 P141
- 安房神社 P141

勝負ごとに強く、
経営の神様が信仰した神様!

成功をもたらす神社

第1位

戦国武将が信仰した勝利の神様
石清水八幡宮
【いわしみずはちまんぐう】

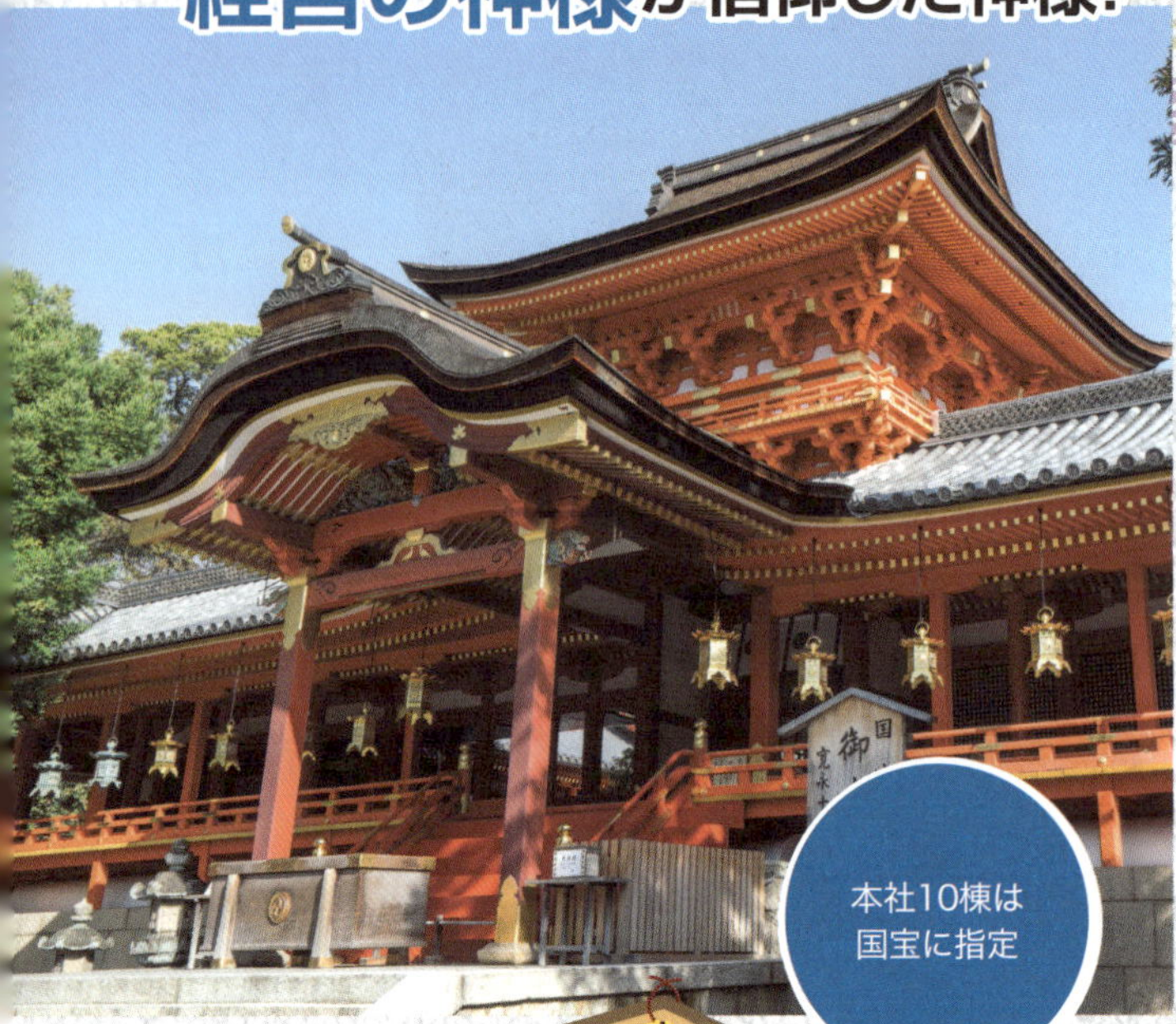

ご利益ポイント

歴代武将から松下幸之助まで

足利氏、織田氏など天下に号令した武将の多くも石清水八幡宮を信仰しました。パナソニック創業者の松下幸之助も熱心な崇敬者でした。

皇室・武家から信仰された神社

石清水八幡宮は平安時代に宇佐神宮から分霊された神社です。源義家が石清水八幡宮で元服して八幡太郎と名乗ったことから源氏の氏神とされ、鎌倉幕府の中枢を守護した鶴岡八幡宮も石清水八幡宮から勧請されました。天皇・上皇の参拝は２４０回を超え、伊勢神宮に次ぐ第２の宗廟とも称されました。

- 京都府八幡市八幡高坊30
- 京阪電車八幡市駅から男山ケーブルに乗り換え、男山山上駅下車徒歩約5分
- 神功皇后祭(4月)
  石清水祭(9月)

開運スポット❶

南総門

境内の祈願スポット

社殿が斜めに配置されているのは帰る際に真正面に背を向けないようにするため。南総門から本殿に向けて祈願をすると叶うともいわれています。

開運スポット❷

石清水社・石清水井

神社の由来となった聖地

石清水八幡宮が創建される以前から聖地として信仰され、皇室や将軍家の祈祷の際にはこの湧き水が奉納されました。

開運スポット❸

一ッ石

勝負ごとにご神徳を発揮

競馬の出発点となっていた石といわれ、勝負石とも呼ばれます。勝利をもたらすご神徳があります。

まだまだある！ 開運スポット

摂社高良社
本宮と並ぶほどの神威を発揮！

タブの木
摂社高良社にあるご神木で厄除けのご神徳！

楠木正成奉納の大楠
必勝のご神徳がある樹齢700年の巨木！

石清水八幡宮に関わるキーワード

エジソン
発明王とされるエジソンは石清水八幡宮の竹を使って白熱電球の実用化に成功しました。境内にはエジソン記念碑があり、エジソン生誕祭・碑前祭が行われます。

男山
石清水八幡宮が鎮座する男山は、木津川・宇治川・桂川の三川が合流し淀川となる地点であり、古くから交通の要衝で、経済・政治・信仰の重要地です。

石清水
本宮鎮座前に男山にあり、厳しい寒さでも凍らず、厳しい暑さでも枯れない霊泉です。

参拝した6人の政治家が
その後**総理大臣**に!

成功をもたらす神社

第2位

政治家が参拝した最強の出世明神

高麗神社

【こまじんじゃ】

2016年に
高麗郷創設1300年
を迎えた

ご利益ポイント

異動や起業にご神徳あり

ご祭神は約1300年前に来日した高句麗の人々のリーダーです。その功績から現在の地を与えられました。新規の事業にご神徳を発揮します。

奈良時代に移住した高句麗の王を祀る

666年に高句麗から派遣された使節団のリーダーだった若光《じゃっこう》ですがその後高句麗が滅亡。若光は日本にとどまりやがて朝廷から「高麗王」の称号が与えられ、1799人の高麗人とともにこの地に入植しました。逆境にもめげずに出世したことから、成功をもたらすご神徳があるとして信仰されています。

- 埼玉県日高市新堀833
- JR高麗川駅から徒歩約20分
- 高麗郡建郡記念神恩感謝祭(5月)
  高麗神社例祭(10月)

開運スポット1

神門の社号額

高麗神社の由来を示すスポット

「高麗」の間に小さく「句」の字が入りご祭神の出身を表しています。出世を象徴するスポットです。

開運スポット2

ご神木の彼岸桜

四方に枝が伸びる樹齢約300年の彼岸桜

境内の中で最高の開運スポットといわれています。例年3月中旬から下旬頃にかけて満開となるとさらにご神徳がUPします。

開運スポット3

将軍標

朝鮮半島の魔除けの像

高麗神社には、朝鮮半島の魔除けの像である将軍標と神社の魔除けの像である狛犬の両方があり、魔除けの効果は2倍です。

まだまだある! 開運スポット

高麗水天宮
洗心紙で心身を浄化!

狛犬
高麗神社のコマ犬はご神徳大!

ご神木のヒノキ
彼岸桜近くのもうひとつのご神木!

高麗神社に関わるキーワード

高句麗
紀元前1世紀から668年まであった王朝で最盛期には朝鮮半島南部を除く全域を支配しました。

高麗氏
高麗神社の宮司は若光の末裔で現在で60代目を数えます。境内には代々の高麗氏が暮らした高麗家住宅があり、国の重要文化財に指定されています。

出世明神
若槻禮次郎、鳩山一郎など6人の政治家が参拝後に総理大臣になり、有名人では太宰治、大山倍達、折口信夫など多くの人々が参拝しています。

DATA 所在地 | アクセス | 主な行事

海賊と呼ばれた男が信仰した**海運の神様**!

成功をもたらす神社

第3位

宗像大社

【むなかたたいしゃ】

海洋国家日本を守護する海の女神

ご利益ポイント

道を示してくれる神様

出光興産の創業者である出光佐三が篤い信仰を寄せました。目印が少ない海上交通の守護神であり、進むべき道を示す神様です。

神話に由来する3女神を祀る

アマテラスとスサノオが行った誓《うけ》約《い》という儀式で生まれた3女神をそれぞれ辺津宮《へつぐう》、中津宮《なかつぐう》、沖津宮《おきつぐう》に祀ります。沖津宮がある沖ノ島は神の島とされ入島が禁じられています。宗像3女神は海上交通の守護神、美の神として信仰されるほか、辺津宮のイチキシマヒメは弁財天と同一視されます。

神社データ

⛩ 福岡県宗像市田島2331(辺津宮)

JR鹿児島本線東郷駅下車、神湊波止場行きバスで約12分、宗像大社前バス停下車すぐ
福岡県宗像市大島1811(中津宮)
神湊港から市営渡船しおかぜ(約15分)またはフェリーおおしま(約25分)で大島港へ

春季大祭(4月)　秋季大祭(10月)

開運スポット1

高宮斎場

宗像三女神の降臨地

辺津宮の境内にある古代祭祀場で、宗像三女神の降臨地と伝えられる聖域です。

開運スポット3

沖津宮遥拝所

沖ノ島が見える

大島の北側にあり、入ることが禁止されている沖津宮の神気を最も感じられる場所です。天気が良ければ沖ノ島が見えます。

まだまだある！

開運スポット

手水舎
柄杓はなく直接手を清める！

第二宮
入島禁止の沖津宮の分霊！

神宝館
古代祭祀の遺物から気をいただく！

開運スポット2

中津宮

七夕信仰発祥の地

辺津宮のある本土から沖合約11kmにある大島に鎮座し、男女の縁を定めるご神徳があります。

宗像大社に関わるキーワード

神勅
宗像3女神はアマテラスから沖津宮・中津宮・辺津宮に鎮まり、歴代天皇を助けて、丁重な祭祀を行うように命じました。こうして創建されたのが宗像大社と伝えられます。

沖ノ島
神勅にあるように沖津宮がある沖ノ島からは10万点にも及ぶ古代祭祀の遺物が発見されそのうち約8万点は国宝に指定されています。宗像大社は古代から信仰の聖地だったのです。

道主貴(みちぬしのむち)
宗像3女神の別名で、交通安全を始め茶道や道徳などあらゆる道を導く神様とされます。

歴代の徳川将軍が寄進
現在も皇居を守護！

神門の左右には大きな神猿像がある

成功をもたらす神社

第4位

徳川将軍家御用達の神社
日枝神社
【ひえじんじゃ】

開運スポット

神猿像
なでれば「魔が去る」

社殿左右にある雌雄の猿像は猿（まさる）と読み、魔除け・厄除け、夫婦円満のご神徳があります。

まだまだある！

開運スポット

山王鳥居
神道と仏教が合わさった形！

猿田彦神社
仕事運を開く導きの神様！

山王稲荷神社
日枝神社鎮座前からの地主神！

ご利益ポイント

政治・経済・皇室を守り続ける神様

永田町、霞ヶ関、丸の内など、日本の政治・経済の中枢と皇居を守護する鎮守様であり、正月には日本を代表する企業が社業隆昌祈願をします。

東京都千代田区永田町2-10-5

東京メトロ南北線・銀座線溜池山王駅から徒歩約3分

山王祭（6月）
中秋管絃祭（9月）

成功をもたらす神社 第5位

敗北を知るご祭神が授ける勝利のご神徳！

下社の場合、季節ごとにご祭神が遷座される

本殿がなく木と山がご神体

諏訪大社【すわたいしゃ】

まだまだある！ 開運スポット

御柱
4社の社殿の四方にたてられた計16本の柱！

出早社（いづはやしゃ）
ご祭神の子神を祀る。セットで参拝が◎！

御神湯
ご祭神の暖気に触れられる！

開運スポット

上社本宮拝殿

日本最古の神社のひとつ

国譲りに抵抗して出雲から逃げ延びたタケミナカタが祀られています。上社前宮に妃のヤサカトメを祀ります。

ご利益ポイント

武田信玄が信仰

戦国時代最強ともいわれる武田信玄は、国譲りで諏訪まで逃げてきた諏訪大社の神様を信仰しました。信玄は諏訪大社のご加護を受けた兜と旗を立てて戦を行い、高い勝率を誇りました。

神社データ

長野県諏訪市中洲宮山1（上社本宮）
長野県茅野市宮川2030（上社前宮）
長野県諏訪郡下諏訪町193（下社春宮）
長野県諏訪郡下諏訪町5828（下社秋宮）

御頭祭（4月）
お舟祭（8月）

成功をもたらす神社
第6位

桶狭間の戦いで奇跡の勝利をもたらした剣の神様

伊勢神宮とほぼ同じ社殿配置

熱田神宮【あつたじんぐう】

織田信長が信仰した最強の神剣を祀る神社

まだまだある！

開運スポット

大楠
弘法大師が植えた樹齢約1000年の楠！

別宮八剣宮
本宮に準じる聖地！

一之御前神社
本宮の裏手にあり神気が集中！

開運スポット

清水社のお清水

水の女神が願いを叶える

社殿奥に水が湧き出ており、中央の石に柄杓で３度水をかけると願いが叶うといわれています。

ご利益ポイント

日本一の霊剣草薙剣を祀る神社

織田信長が歴史の舞台に躍り出た桶狭間の戦いの前に戦勝祈願をした神社です。三種の神器のひとつ草薙剣がご神体で、その御霊をご祭神として祀っています。

愛知県名古屋市熱田区神宮1-1-1
名鉄名古屋本線神宮前駅から徒歩3分
神輿渡御神事(5月)
熱田まつり(6月)

成功をもたらす神社

第7位

神田神社【かんだじんじゃ】

江戸の商人・名経営者が信仰する神社

秋葉原・大手町などを守護し文化とビジネスの発展を助ける!

神社界にイノベーションを起こす神社

まだまだある!

開運スポット

だいこく様尊像
石造りとして日本一のだいこく像!

末廣稲荷神社
本殿の背後にある商売繁盛の神様!

将門塚(千代田区大手町1-1)
以前の鎮座地で最強の神威を発揮!

開運スポット

江戸神社

江戸最古の地主神

702年に現在の皇居内に創建された神社でスサノオを祀る。東京に住む人がお参りするとさらにご神徳大。

ご利益ポイント

社業参拝を普及させた日本最大のビジネス街の神様

現在では一般的となった正月の社業参拝を広めた神社で、江戸時代から芸能や商店とのコラボ企画を行ってきました。

神社データ

- 東京都千代田区外神田2-16-2
- JR中央・総武線御茶ノ水駅から徒歩約5分
- 神田祭(5月) 将門塚例祭(9月)

DATA 所在地 | アクセス | 主な行事

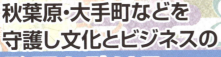

成功をもたらす神社

第8位

金運と愛情の両方をもたらす琵琶湖の開運スポット！

安土桃山時代の作で国宝に指定

戦国時代一の出世頭・豊臣秀吉が信仰

竹生島神社【ちくぶしまじんじゃ】

開運スポット

龍神拝所

鳥居を通れば心願成就！

土器(かわらけ)に願いごとを書いて投げ、鳥居を通れば成就するといわれています。

まだまだある！

開運スポット

黒龍堂
夫婦の黒龍を祀る！

唐門
豊国廟の極楽門を移築したもの。隣接の宝厳寺にある。

船廊下
船からつくられた廊下で願いを結ぶ！

ご利益ポイント

弁財天と龍神を祀り、慈愛・財施・安心のご神徳

琵琶湖にある竹生島は古来より神の島として信仰されてきました。豊臣秀吉が篤く信仰し、事実上の最高位である関白にまで上り詰めました。

- 滋賀県長浜市早崎町1665
- 長浜港あるいは今津港からびわ湖汽船で約30分
- 三社弁才天まつり(6月)
  龍神祭(6月)

天上世界の神々が降り立った**はじまりの聖地!**

国の重要文化財に指定

成功をもたらす神社

第9位

坂本龍馬が新婚旅行で訪れた天孫降臨の地

霧島神宮【きりしまじんぐう】

まだまだある!

開運スポット

風穴
聖地の地下から霊気が吹き出る!

御手洗池
ニニギがもたらした水が混ざっているとも!

オガタマの木
神霊を招く聖なる木!

開運スポット

ご神木

神様が拝むご神木

本殿に向かって右側にある杉のご神木で、こぶが神様が拝む姿をしていたり、獅子の姿をしています。

ご利益ポイント

日本神話で最も仲がいい夫婦神を祀る

地上世界を統治するために天孫ニニギが降臨した地に創建されました。幕末には坂本龍馬が新婚旅行に訪れました。

神社データ

- 鹿児島県霧島市霧島田口2608-5
- JR日豊本線霧島神宮駅からバスで約10分
- 例祭(9月) 天孫降臨御神火祭(11月)

DATA 所在地 | アクセス | 主な行事

成功をもたらす神社

第10位

明治神宮

【めいじじんぐう】

新時代を築いた明治天皇を祀る

1万人のボランティアが奉仕 全国の人々の熱意によって創建!

境内を覆う杜は約70万㎡

まだまだある!

開運スポット

参道

自然林になることを計算して約10万本が植えられた森で、参道を歩くことでさまざまな生命の気を浴びることができます。

開運スポット

清正井

写真を保存すると福がある

加藤清正が掘ったとされる井戸で今も毎分約60ℓの霊水が湧き出ています。開運招福のご神徳があるといわれます。

ご利益ポイント

近代に創建された参拝者数1位の神社

明治天皇と昭憲皇太后の崩御後に、人々の熱意によって創建されました。初詣の参拝者数は約300万人ともいわれ、今も篤く信仰されています。

- 東京都渋谷区代々木神園町1-1
- JR山手線原宿駅から徒歩約1分
- 春の大祭(5月) 例祭(11月)

教科書が教えない！

日本人に影響を与えた神社

瀧音能之

日本には歴史を変えた神社が数多くあるが、なかには教科書では教えないような話もある。日本古代史、特に『風土記』を基本史料とした地域史の研究を行う瀧音能之氏に、その中のいくつかを語っていただいた。

神話の世界において重要な場所だった出雲大社

古代史の視点で神社を語るとすれば、やはり出雲大社（島根県）を外すことはできないでしょう。『古事記』にみられる神話の3分の1以上は出雲に関係しているといわれており、まさに歴史を動かした神社といえます。

今は「縁結びの神」として広く知られていますが、神話においては、スサノオの子（または子孫）であるオオクニヌシが国づくりを成したあと、国譲りで国土を高天原の神々に渡す代わりに宮殿を建ててもらい、それが出雲大社のルーツとされています。

なかには、「出雲は単なる地方政権にすぎなかった」と主張する人もいますが、平安時代には、出雲大社の本殿の高さが16丈（約48メートル）あったともいわれています（現在は約24メートル）。

出雲大社（島根県出雲市）
現在の出雲大社の本殿の高さは約24m。かつては約48mあったとされ、実際に境内から巨大な柱が出土している。

当時としては破格の高層建築物だったので、出雲がかつて日本の歴史において大事な場所だったことがわかるはずです。しかし、戦後の教科書では古代神話を取り上げる機会は激減してしまったので、今の人たちには古代出雲の重要性がいまひとつ伝わっていないのが現実です。

また、鎌倉時代末期には、配流先の隠岐島から脱出した後醍醐《ごだいご》天皇が、出雲大社の宝剣を三種の神器の天叢雲剣《あめのむらくものつるぎ》（草薙剣《くさなぎのつるぎ》）の代わりに差し出すことを要請する綸旨《りんじ》を送っています。当時、後醍醐のもとに天皇の正統たる証である神器はなかったのですが、天皇は出雲大社の宝剣をもって神器の代わりとしたのです。その点からも、出雲大社が天皇の正統性を示す役割を担っていたことがわかると思います。

江戸時代に描かれた伏見稲荷大社

「都名所之内 伏見稲荷社」の絵。伏見稲荷大社は五穀豊穣・商売繁盛の神様として日本中に勧請された。

『風土記』に記されている伏見稲荷大社創建の経緯

最近は外国人観光客も多く訪れる伏見稲荷大社（京都府）は全国に約３万社ある稲荷神社の総本社ですが、こちらは奈良時代に編纂された『山背国風土記』の逸文に、創建の経緯が記されています。

鹿島神宮（茨城県鹿嶋市）
祭神が国土を平定した故事に由来するともされる鹿島立ちの風習は、古来より行われ現在まで続いている。

渡来人を祖とする秦《はた》氏の血を引く秦伊侶具《いろぐ》という人物が餅を弓の的にして射たところ、餅が白鳥になり、山の峰に降りたところで稲になりました。そうした経緯から「いなり」という社名がついたのですが、後になって子孫が伊侶具の行いを悔い、贖罪《しょくざい》の意味も込めて社の木を祀るようになり、それが田の神（農業）などを信仰する稲荷信仰になっていったのです。

現在、お稲荷さんは商売繁盛の神として崇められていますが、それは昔の産業の中心が農業だったからです。産業の変化によって、稲荷信仰は今の姿になっていったのです。

現代まで息づいている「鹿島立ち」の風習

茨城県鹿嶋市にある鹿島神宮は、東国出身の防人《さきもり》や兵士が旅立つときに道中の無事を祈願する場所でした。創建は神武天皇の即位年と同じとされており、由緒ある武運守護の神社として崇拝されてきました。

しかし、そうした歴史的な経緯もあってか、第二次世界大戦時にも出征する兵士が鹿島神宮に「鹿島立ち」をして南方や大陸へと向かいました。そして今でも、海外での訓練に出かける前に「鹿島立ち」を行う自衛隊員がいるといいます。

プロフィール
1953年生まれ。現在、駒澤大学文学部歴史学科教授。著書・監修書に『出雲大社の謎』（朝日新書）、『封印された古代史の謎大全』（青春出版社）、『図解とあらすじでよくわかる「古事記」入門』（光文社）など多数。

神社に通った成功者たち

松下幸之助 × 石清水八幡宮

パナソニック創業者

P116

松下電工の旧商標(「M」と「矢」を組み合わせたデザイン)は石清水八幡宮で授かった御神矢からひらめいたもの。

岩崎弥太郎 × 土佐稲荷神社

P134

三菱グループ創業者

大阪の土佐藩邸の守護神だった土佐稲荷神社は、明治維新後に三菱の本社が東京に移ったあとも三菱で守りました。

能力があるからこそ神社に行く

経営の神様といわれる松下幸之助は、採用面接で「運がいいと思うか、悪いと思うか」を尋ね、「運がいい」と答えた若者を採用したといいます。歴史上で活躍した偉人や名経営者と呼ばれる人々には信仰心が篤い人が少なくありません。

彼らは、並々ならぬ努力をして、ほかよりも優れた才能を持ち、凡人からしてみれば神仏のご加護などい

武田信玄 × 諏訪大社 P123

戦国時代最強武将

戦国時代に最強の大名ともいわれた武田信玄は、諏訪大社の兜と旗を携えて戦へと向かい、高い勝率を誇りました。

豊臣秀吉 × 竹生島神社 P126

戦国時代一の出世頭

琵琶湖にある竹生島は古くより神の島といわれ、豊臣秀吉は社殿を寄進するなど、篤い信仰を寄せました。

らないように思えます。しかし、どんなに努力をして才能を発揮しても成功しない場合も少なからずあるのが世の中です。自分ではどうしようもない、抗いがたい力に対して、彼らは畏敬の念を持つとともにそのご加護を願ったのです。

　能力がある人が神社に行く理由はもうひとつあります。能力のある指導者や経営者ほど、ともすれば周りが見えずに独裁的になったり、自分の力を過信してしまいます。そのような中で、自分よりも上位の存在、すなわち神様を敬うことで、自分を客観視したのです。

　神様を信仰することは、そのご加護をいただくとともに、自分を戒めてさらなる努力をすることにつながったのです。

土佐稲荷神社《とさいなりじんじゃ》

岩崎弥太郎が守りぬいた大阪土佐藩邸の守護神

ご神紋に
三菱のシンボル
スリーダイヤが

まだまだある!

開運スポット

岩崎家旧邸跡
岩崎弥太郎のエネルギーが残る?

青銅狛犬
二代目総裁岩崎弥之助による寄進。

ご利益ポイント

スリーダイヤを探そう

土佐藩消滅後も弥太郎が私財を投じ守り抜きました。境内各所にシンボルの三菱マークが。ご祭神と弥太郎のパワーを授かればビジネス運UP確実かも。

開運スポット

奥の院

川に向かって建てられた

かつて長堀川を通る船から参拝できるよう社殿裏に建立。本殿とあわせてお参りでご神徳倍増。

⛩ 大阪市西区北堀江4-9-7
📍 大阪メトロ千日前線西長堀駅から徒歩約5分

三囲神社《みめぐりじんじゃ》

三井グループに信仰される都内屈指の財運スポット

社殿は
墨田区の
有形文化財

まだまだある!

開運スポット

顕名霊社
三井家の歴代当主たちが祀られる。

三越のライオン像
池袋店より移転。財運と商売運UP。

ご利益ポイント

財運は最強?

三井グループが信仰しているだけあってここを最強の財運神社と呼ぶ人もいます。境内社や三井ゆかりの石碑も多いので、パワーを授かりたい。

開運スポット

三柱鳥居

「3」がキーナンバー

「3」にまつわるものがちりばめられた神社。三柱鳥居は特に珍しいもので、独特の気を放ちます。

⛩ 東京都墨田区向島2-5-17
📍 東京メトロ銀座線浅草駅から徒歩約10分

愛宕神社《あたごじんじゃ》

家康により創建された勝ち運、出世の神社

葵のご紋も輝く、鮮やかな丹塗りの門

まだまだある! 開運スポット

大黒天社
商売の神様・大黒天を祀る。

三角点
23区内最高地点であることを証明。

開運スポット

出世の石段

武士が出世を勝ち取った石段

傾斜度40度という急階段を馬で登りきり出世した武士の故事から、階段を一息で登ると仕事運急上昇。

ご利益ポイント
上を目指す人へ
出世のご利益で知られる愛宕神社は23区最高点、愛宕山頂に鎮座しています。西郷隆盛と勝海舟の会談場所でもあり頂点を目指す人は参拝しておきたい神社です。

⛩ 東京都港区愛宕1-5-3
📍 東京メトロ日比谷線神谷町駅から徒歩約5分

赤坂氷川神社《あかさかひかわじんじゃ》

祭礼は江戸でもトップ級歴代将軍が信仰した大社

震災、空襲も乗り越え残った重要文化財の社殿

まだまだある! 開運スポット

大銀杏
大空襲にも耐えたド根性イチョウ。

西行稲荷
社の下にある溶岩に注目。

開運スポット

四合稲荷

4つの神社が合体

4つの稲荷を合祀し勝海舟が「しあわせ」稲荷と命名。現在はラッキーセブンの７社が合祀。

ご利益ポイント
吉宗が直々に参拝
8代将軍徳川吉宗が将軍就任にあたり社殿を寄進し参拝した将軍公認の神社です。地震や戦災を奇跡的に免れた文化財が多いのもパワーの証明かも。

⛩ 東京都港区赤坂6-10-12
📍 東京メトロ千代田線赤坂駅から徒歩約8分

DATA ⛩所在地 | 📍アクセス

大山祇神社《おおやまづみじんじゃ》

規模は四国最大級。一万社を束ねる「日本国総鎮守」

桧皮葺の本殿、拝殿とも建立は室町時代

まだまだある！ 開運スポット

伊予国総社
愛媛県のすべての神を一堂にお祀り。

斎田
神様にお捧げする米を育てている。

開運スポット

楠の巨樹群

天然記念物が38本も

樹齢数千年という日本最古の楠が何本も。息を止めて三周できれば願いが叶うともいわれています。

ご利益ポイント

国宝がいっぱい

瀬戸内の海賊たちにも信仰された武の神でもあり、国宝の武具刀剣を数多く保管しています。維新志士の出世頭、初代総理の伊藤博文も参拝しています。

⛩ 愛媛県今治市大三島町宮浦3327
📍 JR今治駅から車で約50分

椿大神社《つばきおおかみやしろ》

神々の先導役をつとめたみちひらきの神様を祀る

32の神々を祀る総檜の神明造り

まだまだある！ 開運スポット

松下幸之助社
当社を崇敬した松下幸之助を祀る。

御船磐座
神々が地上に降りた場所といわれる。

開運スポット

高山土公神陵

導きの神が眠るお墓

ご祭神は神々の道案内をした神様。人生の行く先を導いてくれる神様として知られます。

ご利益ポイント

松下幸之助も信仰

松下幸之助が篤く崇敬したことで知られ、境内には彼が寄進した庭園があります。ビジネスの成功運が授かると、松下幸之助社にお参りしていく人も多い。

⛩ 三重県鈴鹿市山本町1871
📍 JR関西本線加佐登駅から車で約25分

日光東照宮《にっこうとうしょうぐう》

神になった戦国武将
徳川家康公の遺体が眠る

言わずと知れた
世界遺産の
建築群

まだまだある! 開運スポット

陽明門
山の龍脈を選び建てたといわれる。

杉並木
杉の巨樹が林立する気の通り道。

開運スポット

奥社の宝塔

荘厳な祭神家康公の墓所

東照宮の中心地である家康墓所。太平の世を築いたご祭神の出世パワーにあやかろう。

ご利益ポイント

徳川幕府の聖地

江戸時代には最高聖地とされた日本屈指の神社です。観光のみならず、出世、勝負、現状打破など、仕事関係の祈願で訪れるビジネスパーソンも多くいます。

⛩ 栃木県日光市山内2301
📍 日光駅から徒歩約30分

久能山東照宮《くのうざんとうしょうぐう》

家康が最初に祀られた場所
全国の東照宮ルーツの地

元祖権現造
江戸初期建造の
国宝建築

まだまだある! 開運スポット

神廟
家康の埋葬地。京の方を見据える。

五重の塔跡
30メートルもあった五重塔の跡地。

開運スポット

表参道

常に良い気が上昇している

1159段もある石段。駿河湾からやってくる気が上昇気流のように登っていく通り道といわれます。

ご利益ポイント

日光に並ぶ徳川聖地

遺言により徳川家康を埋葬した最初の場所で全域が日光にも匹敵する出世開運の聖地です。墓は徳川家菩提寺や京を見据えるように建てられたともいわれます。

⛩ 静岡県静岡市駿河区根古屋390
📍 静岡駅からバス約50分、下車徒歩約20分

DATA ⛩ 所在地 | 📍 アクセス

鹿島神宮《かしまじんぐう》

天皇のピンチを救った ここ一番の勝利の神様

重要文化財の社殿は二代将軍秀忠が奉納

まだまだある! 開運スポット

一の鳥居
河の中に建てられた約18mの大鳥居。

鏡石
古代の祭祀遺物ともいわれる。

開運スポット

御手洗池

清水が湧き出す禊の池

神社の参詣前はここで身を清める習わしだった、特に清浄な場所。現在も寒行が行われます。

ご利益ポイント

最強の武神

藤原、徳川など頂点を極めた一族が信仰していただけに勝利へのご神徳は間違いなし。東京ドーム15個分もの境内は古代からの聖地だったともいわれます。

⛩ 茨城県鹿嶋市宮中 2306-1
📍 JR鹿島線鹿島神宮駅から徒歩約10分

香取神宮《かとりじんぐう》

最古の「神宮」のひとつ 勝ち運をつかむ武の神様が鎮座

漆黒が際立つ桧皮葺社殿 1700年造営

まだまだある! 開運スポット

要石
ご祭神の力で地震を封じたという石。

浜鳥居
神が上陸する河岸に立つ鳥居。

開運スポット

奥宮

ご祭神の荒御魂を祀る

武神の魂を祀るだけにパワーは強大。相応の気持ちを持って厳かに参拝させていただこう。

ご利益ポイント

東国三社の一

古代から東国守護の重要な神社です。鹿島神宮と一緒に参拝されることも多い。国譲り交渉の神様でもあり負けられないプレゼンの前にお参りしたい。

⛩ 千葉県香取市香取1697-1
📍 JR成田線佐原駅から車で約10分

石上神宮《いそのかみじんぐう》

天皇家の武力を支えた神社
パワーは日本最強クラス

開運スポット

禁足地
神刀が納められていた最強聖地。

拝殿
魂を復活させる神事が行われる。

ご利益ポイント
すべてを切り拓く力
皇室を守り続けた武器の神様。あらゆる困難を切り拓くご神徳あり。

⛩ 奈良県天理市布留町384
📍 天理駅より徒歩30分

神倉神社《かみくらじんじゃ》

神が降り立った聖なる山
ゴトビキ岩の奇景は必見

開運スポット

ゴトビキ岩
神の降臨地にある巨大な磐座。

神倉山
山そのものが聖域。

ご利益ポイント
熊野の一級聖地
神武天皇も訪れた聖地。石段を駆け下りる火祭りでも有名です。

⛩ 和歌山県新宮市神倉1-13-8
📍 JR新宮駅より徒歩19分

嚴島神社《いつくしまじんじゃ》

位を極めた平清盛が信仰
海に浮かぶ世界遺産

開運スポット

弥山
宮島のパワーの中心地。

平舞台
海上の大鳥居から力が流入。

ご利益ポイント
島全体が聖域
平清盛は嚴島神社を信仰して太政大臣にまで出世したといいます。

⛩ 広島県廿日市市宮島町1-1
📍 宮島口よりフェリー乗船、約10分

香椎宮《かしいぐう》

神功皇后が凱旋した場所
勝利と癒やしのご神徳あり

開運スポット

古宮跡
ご神木のシイがある神社創建の地。

鶏石神社
卵が孵(かえ)るように物事を成就。

ご利益ポイント
門から鳥居を覗く
境内には門の間から鳥居が見え「開」になる開運スポットもあります。

⛩ 福岡県福岡市東区香椎4-16-1
📍 JR香椎神宮駅から徒歩約4分

DATA ⛩ 所在地 | 📍 アクセス

秩父神社《ちちぶじんじゃ》

将軍になる以前から
家康が信仰していた神社

開運スポット

つなぎの龍
左甚五郎作という青龍の彫刻。

北辰のふくろう
神社の見所でもある瑞鳥の彫刻。

ご利益ポイント
家康ゆかりの神社
社殿は徳川家康の寄進。12月の秩父夜祭でも有名な埼玉の大社。

⛩ 埼玉県秩父市番場町1-3
📍 秩父鉄道秩父駅から徒歩約3分

北海道神宮《ほっかいどうじんぐう》

北海道第一の神社
新天地を切り拓く守護神

開運スポット

開拓神社
新天地新事業の開拓にご神徳あり。

第2、第3鳥居
それぞれ縁切りと金運にご神徳。

ご利益ポイント
道をひらく神様
新しいことに挑戦する人を見守ってくれる、開拓の神様です。

⛩ 北海道札幌市中央区宮ケ丘474
📍 札幌駅から車で約15分

前鳥神社《さきとりじんじゃ》

学問に優れたご祭神を祀り
道を極めたい人にご利益

開運スポット

奨学神社
古代の学者たちを祀る神社。

幸せの松
四つ葉の松葉をみつけると幸せに。

ご利益ポイント
「学」を見守る神社
受験生だけでなく、常に学び続ける社会人にもご神徳が大きい。

⛩ 神奈川県平塚市四之宮4-14-26
📍 小田急本厚木駅から車で約22分

報徳二宮神社《ほうとくにのみやじんじゃ》

小学校でおなじみ
金次郎さんを祀る勉学神社

開運スポット

二宮金次郎像
全国に建った金次郎像の元祖。

イヌマキの巨木
小田原城跡、胴回り約6mの巨樹。

ご利益ポイント
仕事と学びを両立
働きながら勉強した二宮尊徳翁がご祭神。両立にご神徳があります。

⛩ 神奈川県小田原市城内8-10
📍 小田原駅から徒歩約15分

櫻木神社《さくらぎじんじゃ》

東京大学に最も近い
学問の神様を祀った神社

開運スポット

見送稲荷神社
新天地での活躍、左遷帰還のご神徳。

本郷薬師
神社に隣接する本郷のお薬師様。

ご利益ポイント
東大受験生の聖地
マンガにも登場した、東大合格にご神徳絶大という学問の神様。

所在地：東京都文京区本郷4-3-1
アクセス：地下鉄本郷三丁目駅から徒歩約2分

熊野本宮大社《くまのほんぐうたいしゃ》

熊野古道の中心地に鎮座
蟻の熊野詣で上皇・天皇が参拝

開運スポット

大斎原(おおゆのはら)
現在の地に社殿が移る前の旧社地。

満山社
八百万の神様を祀る神社。

ご利益ポイント
熊野信仰の中心地
熊野三山の中で最も山中にあり、3柱の神々が降臨した地に創建。

所在地：和歌山県田辺市本宮町本宮
アクセス：JR紀勢本線新宮駅からバスで約90分、本宮大社前バス停下車すぐ

忌部神社《いんべじんじゃ》

争いを仲裁してできた
日本的調整型の神社

開運スポット

参道石段
金刀比羅宮から気が流入。

狛犬
江戸時代製の趣きある狛犬。

ご利益ポイント
現在地には明治期に
論争を仲裁して建てられた神社で、調整型リーダーにご神徳があります。

所在地：徳島県徳島市二軒屋町2-53-1
アクセス：JR牟岐線二軒屋駅から徒歩約10分

安房神社《あわじんじゃ》

産業創始の神さまがいる
製造業のご利益神社

開運スポット

槙のご神木
静かに強い気を持ったご神木。

ご神水のお水取り
お祓いしてからいただくご神水。

ご利益ポイント
房総のパワースポット
製造業全般にご神徳のある神様。ご神水は神社で受付してからいただく。

所在地：千葉県館山市大神宮589
アクセス：JR内房線館山駅から車で約22分

DATA 所在地 | アクセス

猿田彦神社《さるたひこじんじゃ》

みちひらきの神・猿田彦の子孫が祀る本籍地の神社

開運スポット

古殿地
八角系の石柱が目印。

佐瑠女神社
ペアでお参りしてご利益UP。

ご利益ポイント

先導の神の本拠地
導きの神様の本拠地は伊勢の五十鈴川。神宮にも直近の聖地です。

⛩ 三重県伊勢市宇治浦田2-1-10
📍 近鉄鳥羽線五十鈴川駅から徒歩約22分

足羽神社《あすわじんじゃ》

越前を開拓した継体天皇には産業事業発展のご神徳あり

開運スポット

継体天皇像
高さ約4mを超えるご祭神の石像。

神宝神社
明治天皇ゆかりの宝物を祀る神社。

ご利益ポイント

難事業も前進させる
大治水工事を成したご祭神には困難な事業を助けるご神徳があります。

⛩ 福井県福井市足羽1-8-25
📍 福井鉄道福武線足羽山公園口から徒歩約12分

豊国神社《とよくにじんじゃ》

日本一の出世頭豊臣秀吉を祀った神社

開運スポット

豊国廟
秀吉が眠る山頂の巨大五輪塔。

石段
大河ドラマに使われた出世の石段。

ご利益ポイント

太閤秀吉の聖地
日本一の出世男豊臣秀吉を祀ります。とにかく出世したい人にはここ。

⛩ 京都府京都市東山区茶屋町530
📍 京阪本線七条駅から徒歩約9分

若一神社《にゃくいちじんじゃ》

平清盛の邸宅があった場所大楠のご神木がシンボル

開運スポット

ご神木
清盛お手植の樹齢約800年の楠。

ご神水
1日約300人が汲みに訪れる。

ご利益ポイント

清盛出世のはじまり
この神様を祀ったとたんに平清盛の大出世が始まったといわれます。

⛩ 京都府下京区七条御所ノ内本町98
📍 JR京都線西大路駅から徒歩約5分

宮地嶽神社《みやじだけじんじゃ》

神功皇后が大願を成就
商売繁盛のご神徳あり

開運スポット

黄金の屋根
金色に輝く屋根は成功の象徴。

鈴堂
日本一の巨大鈴が奉安。

ご利益ポイント
福岡有数の商運社
古墳時代から豪族に信仰されていた聖地。商売繁盛のご神徳があります。

所在地：福岡県福津宮司元町7-1
アクセス：JR鹿児島本線福間駅から車で約5分

出世稲荷神社《しゅっせいなりじんじゃ》

春日局の屋敷神
出世にあやかり大人気に

開運スポット

本郷弓町の楠
神社から徒歩約5分、樹齢約600年。

礫川(れきせん)公園の春日局像
大奥支配者となった春日局像。

ご利益ポイント
江戸時代から人気
大奥のトップになった春日局にあやかり、出世の神様として信仰。

所在地：東京都文京区本郷1-33-17
アクセス：地下鉄後楽園駅から徒歩約6分

東郷神社《とうごうじんじゃ》

日本海海戦の立役者
海軍元帥東郷平八郎を祀る

開運スポット

狛犬
海軍ゆかりの特徴的な狛犬。

Z旗
ここ一番を表す旗に勝負祈願。

ご利益ポイント
名将にあやかる勝利
日露戦争を勝利に導いた東郷平八郎元帥を祀り、仕事運にご神徳大。

所在地：東京都渋谷神宮前1-5-3
アクセス：JR山手線原宿駅から徒歩約3分

乃木神社《のぎじんじゃ》

日露戦争の陸軍大将
乃木希典がご祭神

開運スポット

雷神木
本殿を護り雷を受けたご神木。

乃木家祖霊社
小さいながら乃木神社の元祖。

ご利益ポイント
乃木大将の神社
教育者としても知られた乃木希典。その邸宅地跡に建立されました。

所在地：東京都港区赤坂8-11-27
アクセス：地下鉄千代田線乃木坂駅から徒歩約1分

DATA 所在地 | アクセス

まだまだある成功をもたらす神社

象山神社《ぞうざんじんじゃ》	長野市松代町 松代1502	篠ノ井駅から 車で約15分	坂本龍馬も師事した思想家佐久間象山を祀る神社。
阿賀神社 太郎坊宮《あがじんじゃたろうぼうぐう》	滋賀県東近江市 小脇町2247	近江鉄道 太郎坊宮前駅から 徒歩20分	勝ちを呼び込む勝運神社で、人気タレントや著名企業が崇敬します。
建勲神社《たけいさおじんじゃ》	京都市北区 紫野北舟岡町49	地下鉄鞍馬口駅から 徒歩約25分	織田信長を祀る「けんくんさん」。古代からの聖地船岡山頂に鎮座。
井伊谷宮《いいのやぐう》	静岡県浜松市 北区引佐町井 伊谷1991-1	天童浜名湖鉄道 金指駅から 徒歩約40分	後醍醐天皇の皇子宗良親王を祀る井伊家にもゆかりの神社。
光雲神社《てるもじんじゃ》	福岡県福岡市 中央区西公園13-1	地下鉄空港線 大濠公園駅から 徒歩約15分	黒田如水父子を祀り、日本号の逸話で有名な母里太兵衛像があります。
生島足島神社《いくしまたるしまじんじゃ》	長野県上田市 下之郷中池西701	上田電鉄下之郷駅 から徒歩約5分	武田信玄、真田幸村親子など名だたる戦国武将が崇敬した神社。
久伊豆神社《ひさいずじんじゃ》	埼玉県さいたま市 岩槻区宮町2-6-55	東武野田線 岩槻駅から 徒歩約15分	「クイズ神社」として有名なほか、孔雀を飼っており救邪苦守りが人気。
靍護稲荷神社《かくごいなりじんじゃ》	東京都中央区 銀座6-11-4	地下鉄東銀座駅から 徒歩約5分	松坂屋を守護し続けてきた稲荷神。現在はGINZA SIX屋上に鎮座。
豊岩稲荷神社《とよいわいなりじんじゃ》	東京都中央区 銀座7-8	地下鉄東銀座駅から 徒歩約8分	歌舞伎役者がこぞって参拝する芸能、出世開運のご利益神社。
櫛田神社《くしだじんじゃ》	福岡県福岡市 博多区上川端町 1-41	地下鉄空港線祇園駅 より徒歩約6分	博多のビジネスの守り神。夏の博多祇園山笠には百万人が訪れる。

コラム
column

成功する人のおみくじの読み方

おみくじに書かれた「忠告」に注目する!

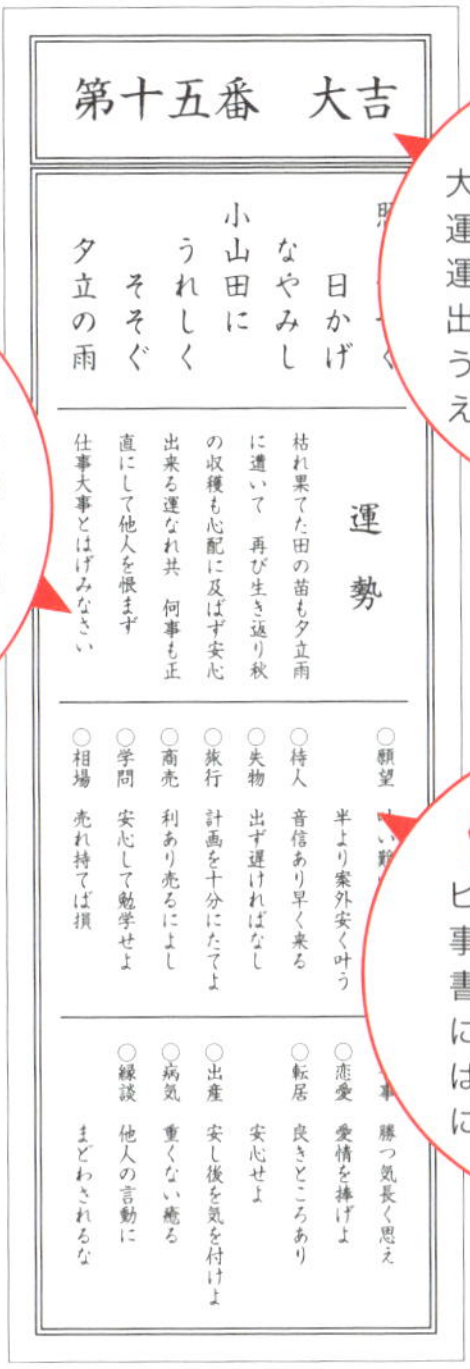
第十五番　大吉

日かげ
なやみし
小山田に
うれしく
そそぐ
夕立の雨

運勢

枯れ果てた田の苗も夕立雨に遭いて　再び生き返り秋の収穫も心配に及ばず安心
出来る運なれ共　何事も正直にして他人を恨まず
仕事大事とはげみなさい

○願望
半より案外安く叶う
○待人　音信あり早く来る
○失物　出ず遅ければなし
○旅行　計画を十分にたてよ
○商売　利あり売るによし
○学問　安心して勉学せよ
○相場　売れ持てば損

勝つ気長く思え
○恋愛　愛情を捧げよ
○転居　良きところあり
安心せよ
○出産　安し後を気を付けよ
○病気　重くない癒る
○縁談　他人の言動にまどわされるな

吉凶
大吉から大凶までの運勢が書かれている。運勢の結果ではなく、出た運勢からどのように行動するかを考えましょう。

全体的な運勢
いわば運勢の総論。大吉ならば、いかに幸運を呼び込むか、大凶ならばいかにリスクを回避するかを読み取ります。

個別の運勢
ピンポイントの願い事についての運勢が書かれています。特に注意が必要な項目はよく読み取って心に刻むように。

ワンポイント!

おみくじはお財布に
おみくじは神様からのメッセージ。心に迷いが生じたときなどに見返して、神様からの忠告に真摯に向き合う気持ちを取り戻そう。

成功する人は吉凶に一喜一憂しない

おみくじは「当たり」「ハズレ」を引くものではありません。そのため、運勢が悪いから引き直しても意味がありません。おみくじは神様からのメッセージですから、吉凶よりも何が書かれているかが重要です。例えば、「大吉」だったとしてもさまざまな忠告が書かれています。このような忠告を無視して何もしなければ、幸運を引き寄せることはできません。おみくじはいわば、運勢の「健康診断」です。悪い運勢のおみくじを引いてしまったら、悪運の早期発見ができたことになります。そして、どうすれば悪運を幸運に変えられるのか、おみくじを読んで対処するようにしましょう。

一流企業は神社を持っている

三囲(みめぐり)神社
日本橋三越本店の屋上に、三越の守護神である三囲神社(東京都墨田区)から勧請した神社がある。

最先端を行く企業が原点を再認識する存在

　どの企業もその時代の流行やニーズに影響を受けることでしょう。ましてや一流の企業ともなればライバルは外国の企業となり、競争も熾烈です。しかし、ベンチャー企業が神棚を大切に祀っていることは少なくありません。そして一流企業ほど、自社のプライベートな神社＝企業内神社を持っています。

　経済のグローバル化が進み、技術革新などが叫ばれる中、ベンチャー

企業名	企業内神社	由来
アサヒビール	旭神社	伊勢神宮と商売繁盛の神様の伏見稲荷大社、酒の神様の松尾大社の三神を祀る。
花王	花王神社	豊川稲荷の御祭神や創業者が祀られているほか、戦死した花王職員や殉職者が合祀されている。
キッコーマン	琴平神社	香川県の金刀比羅宮から分霊された。本社がある野田町民の繁栄も祈願されている。
サッポロビール	恵比寿神社	駅名にもなったエビスを祀っている。恵比寿ガーデンプレイス内に鎮座している。
資生堂	成功稲荷神社	初代社長が豊川稲荷から分霊していただいたのがはじまり。「満金龍神成功稲荷」の名で祀られている。
昭和産業	稲荷神社	穀物を扱う会社のため、五穀豊穣の御神徳がある伏見稲荷大社から分霊された。
新日本製鉄	高見神社	前身があった八幡村の鎮守様で、神功皇后をはじめ19柱の御祭神が合祀されている。
東芝	鎮守神社ほか	各工場・事業所で鎮守神社を祀る。旧本社所在地のラゾーナ川崎には出雲神社が残っている。
東洋水産	幸稲荷神社	ヒット商品「赤いきつね」との関係ではなく、鎮守神社から分霊されたのがはじまり。
トヨタ自動車	豊興神社	熱田神宮の御祭神と鉄の守護神・金山比古神と金山比売神の三柱を祀っている。
日本航空	日航香取神社	千葉県の香取神宮から分霊され、空の安全を祈願して成田空港整備地区に創建された。
日本空港ビルデング	羽田航空神社	羽田空港第1旅客ターミナルにあり、羽田空区全体を守護している。
日立製作所	熊野神社	日立工場拡大の際に、敷地内に入った熊野神社が祀られている。
毎日新聞社	毎日神社	世界一周に成功した毎日新聞の飛行機ニッポン号に寄せられたお守りが祀られている。
ワコールホールディングス	和光神社	琵琶湖に住むとされる龍神を祀り、旧社名・和光商事の名を伝える。

企業や一流企業は時代の最先端を進む存在です。一方で神社は、縄文時代から続く信仰であり、伝統と継承を重んじます。両者は相反する存在ともいえますが、なぜ一流企業が神社を持っているのでしょうか。

企業内神社は、村の氏神神社と捉えるとわかりやすいでしょう。村の氏神神社は村人すべての精神的な支えとなり、祭りや七五三詣などを通じて、その村の一員であることを再認識する場所でした。この共同体と氏神神社の関係が、企業と企業内神社の関係といえます。利益を追求すると、本来の目的、ビジョンを見失いがちです。企業の発展とともに歩んできた企業内神社は、創業の精神や企業の歴史を再認識する象徴的な存在なのです。

「見えない力」を感じる！

神社巡りで神様のお力をいただこう

デューク更家

ウォーキングドクターとして知られるデューク更家氏は、熊野古道の近くで生まれ育った。そして、神仏と寄り添って生きてきたからこそ、現在の自分がいるという。神様のお力をいただくためのポイントを更家氏に聞いた。

成功をしたのは神様のおかげ

僕がモナコに家を持っていることを知っている人は多いだろう。それだけじゃない。東京にもロンドンにも家があるし、クレジットカードは1日の限度額5000万円のチタンカードで、世界5大ヨットクラブの特別会員でもある。

何も自慢をしたいわけじゃない。僕自身はちっぽけな存在だし、ただのおっさんだ。そんな僕が人から成功者と見られるまでになったのは、神様のお力のおかげだ。神様と寄り添い、生きてきたからここまで来られたのだと思っている。

僕は今、「歩くこと」を生業にしている。歩くことは人生そのもの。歩くことをおろそかにしては、人生も決していいものにはならない。そして、私が歩くこととともに大事にしてきたのが

撮影／中村圭介

「見えざる世界」だ。

僕は和歌山県新宮市の生まれだ。日本有数、いや世界有数の聖地である熊野古道が近くにある。熊野古道は、日本の最も古い信仰が息づいている場所だ。海も山も岩もまわりにあるものはすべて神様で、子どもの頃は神社仏閣が遊び場だった。だから、神社で手を合わせることは、呼吸と同じように自然なことだった。

龍神のお力を感じた中学時代の思い出

中学生の頃、山の上にある東仙寺でふと空を見上げたら、そこには龍の形の雲があった。それを見た瞬間、不意にぶわっと風が吹き抜けた。

それまで、さまざまなところで急に風が吹くことはあった。しかし、この時はっきりと龍神がそばにいると気がついた。
「見えざる世界」を感じ、目に見えない力が働いていることを感じる。このことは僕のような環境で子どもの頃を過ごさなくてもできると僕は思っている。でもそのためには神様の存在を信じて、神様のサインを受け取ろうとする気持ちがなければいけない。

　神様は目に見えないけれど、自然を通してそのお力を示してくれることがある。僕が見た龍の形の雲もそうだし、風、霧、雨などもそうだ。木のコブが龍や獅子、神様の姿になることもあるだろう。

　でもそれは、「見えざる世界」を信じて、見えない力を感じようとしてしなければ決して気がつけない。神社には、全身で見えない力を感じるような心を持って行くといい。

神様の気をいただく
神社巡りのポイント

　日本には、八百万の神様というようにたくさんの神様がいる。これはたくさんの神様が共存して協力し合ってきたということ。日本には全国各地の神社を訪れる神社巡りの風習があるけど、神様同士が争うことなく人々に恵みを与えてきたからなんだ。だからたくさんの神社にお参りして、いくつものお守りをいただくことも大いに結構なことだ。

　お寺には宗派があって違いがわかりやすいけど、一言に神社と言ってもお祀りしている神様はさまざまだ。神社参りをするなら、そこに祀られている神様は誰なのかを知っておくことが大切だ。そして、願いをただ神様に託すだけじゃなく、日々の感謝も忘れずにした方がいい。神様のお力もより強くいただけるはずだ。

　僕は全国各地の神社仏閣を訪れているけど、その中でおすすめの神社を次のページで紹介したいと思う。

プロフィール

1954年生まれ、和歌山県新宮市出身。モナコと東京に自宅を構え、「健康寿命」は「ウォーキング寿命」であると掲げ、100歳まで自分の足で歩ききる「ぴんしゃんウォーキング」にて、どう歩くかを全国各地で伝えている。同時に、歩くことで道徳を教える「歩育」、神社仏閣で安寧を祈念する「ウォーキング奉納」、健康運や金運を上げる「龍歩ドラゴンウォーキング」などのイベントも開催している。 最新刊『お金持ちになれたのは龍のおかげ』（小社刊）が2018年11月に発売。

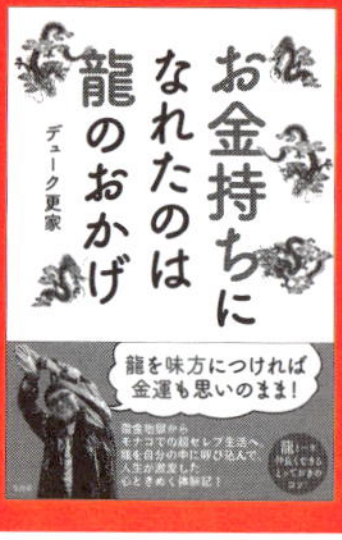

デューク更家氏オススメの神社

- 福徳神社 P32
- 毛谷黒龍神社 P34
- 天河大弁財天社 P41
- 八坂神社 P52
- 熊野那智大社 P60
- 出雲大社 P84
- 東京大神宮 P90
- 箱根神社 P92
- 戸隠神社 P102
- 上賀茂神社 P102
- 生田神社 P104
- 宗像大社 P120
- 熱田神宮 P124
- 明治神宮 P128
- 椿大神社 P136
- 神倉神社 P139
- 嚴島神社 P139
- 熊野本宮大社 P141

コラム column

365日運を呼び寄せる 神棚の祀り方のポイント⑤

ライフスタイルの中に「神社」を加えよう

神棚

神棚は神具店や一部の神社、インターネットなどで販売されています。

家の中にある プライベートな神社

朝のジョギングや仕事の前のコーヒーなど、心身の調子を整えるルーティーンを持っている人は多いはず。そのような中に「神社」というルーティーンを加えることで、心身を清め神様のお力をいただけるようになります。

ライフスタイルの中に「神社」を加えるためにおすすめなのが神棚です。神棚はお神札《ふだ》を納める小さな社です。家の中のプライベートな神社であり、家の守り神となります。毎日の暮らしの中に神棚の前で拝礼するルーティーンを加えることで、神様のご加護をいただけるとともに心身の穢れが祓われ、清らかな気持ちで生活ができるようになることでしょう。

本格的な「棚」の設置は難しいもの 無理のない**神棚の祀り方**をしよう!

ポイント1 生活スタイルに合わせて神棚を選ぼう

三社造

御扉が3つあるタイプで、最も オーソドックスな神棚のお社。

一社造

御扉が1つのタイプ。やや簡易的な神棚のお社。

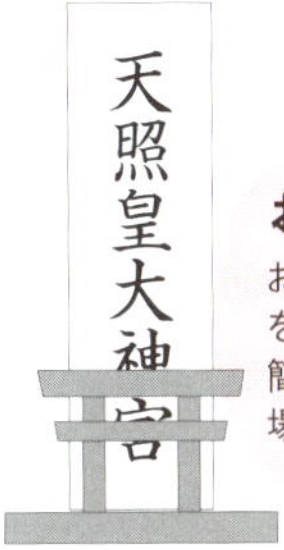

お神札立て

お社ではなくお神札を立てるのみのもの。簡易的にお祀りする場合に用います。

三社造、一社造 お神札立て

神棚とは本来、お神札を納める小型のお社と、社を高い位置に安置する棚からなります。しかし、家の間取りなどの都合で、本格的な神棚を設置することは難しいこともあるでしょう。その場合、お社のみでお神札をお祀りするようにしましょう。

神棚には、主に3つの扉がある三社造のものと一社造のものがあります。三社造になるとかなりのスペースが取られますので、設置場所を考えてからどちらにするか決めましょう。

一社造の神棚も難しい場合は、簡易的なお神札立てがあります。もちろんお社の方が好ましいですが、スペースがない場合はまずはお神札立てでお祀りしてもいいでしょう。

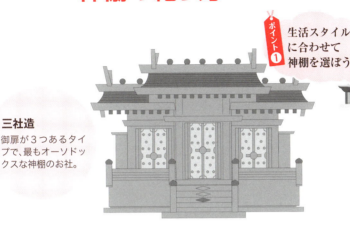

清潔で明るく、静かで高い場所にお祀りしよう!

ポイント2 神棚のNGを知ろう！

神棚以外にお社を置く場合

神棚の設置が難しい場合は、タンスの上などに白い紙を敷いてお社を置くようにしましょう。

神棚を祀る場所の4つのキーワード

神棚をお祀りする条件として、人の目線よりも高い位置で南あるいは東向きに設置するものとされます。しかし、1ルームマンションであったり、窓が北向きの物件だったりと条件を満たすことが難しい場合があります。その場合、「清潔」「明るい」「静か」「高い」をキーワードにお祀りする場所を決めましょう。南向きの暗い場所よりも北向きの明るい場所の方がいいでしょう。神様は清浄を何よりも好みますので、トイレの近くやテレビの近くなどは避け、周囲は清浄に保ちましょう。また床やテーブルなどではなくタンスの上などなるべく高い位置にお祀りするようにしましょう。

多くのお神札を祀る場合、**並べ方**に注意しよう！

三社造の場合

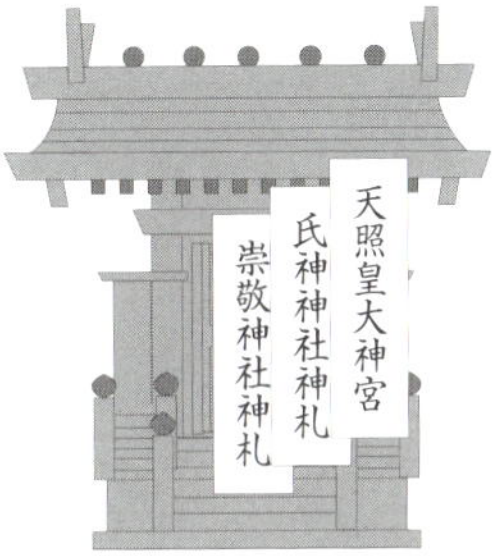

一社造の場合

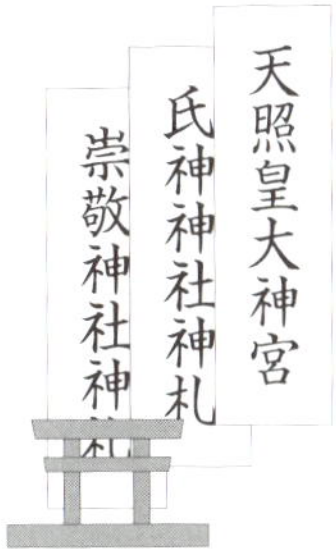

お神札立ての場合

伊勢神宮、氏神神社、そのほかの神社の順

お守りと同様にお神札は何体お祀りしてもOKです。ただし、必ず必要なお神札が2体あります。伊勢神宮のお神札である神宮大麻《たいま》と氏神神社のお神札です。伊勢神宮は日本の総氏神とされる最も尊い神社、そして氏神神社は自分の暮らしをお守りしてくださる最も身近な神様です。三社造のお社の場合、中央に神宮大麻、向かって右側に氏神神社、向かって左にそのほかの神社のお神札を重ねてお祀りします。一社造の場合は、一番上を神宮大麻にして、氏神神社、そのほかの神社の順で重ねます。好きな神社のお神札だったとしても、一番前に置いてはいけないので注意してください。

すべてをお供えするのは大変
続けられることをまずやろう!

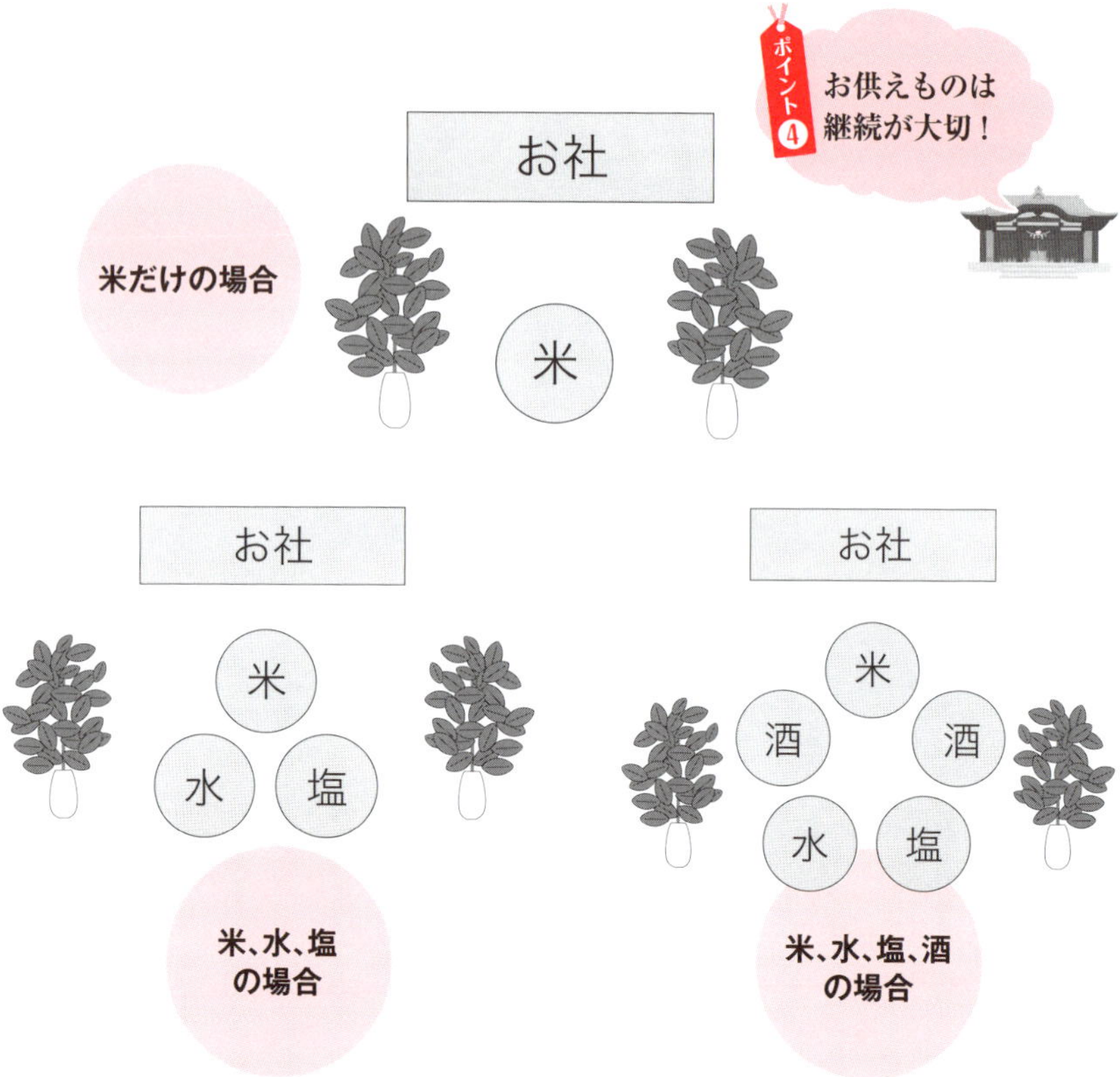

神棚のお供えものは 米、水、塩、酒

神棚には朝と夜に2回お供えものをします。これはかつて日本が一日2食だったことの名残りです。神棚には左右に常緑樹である榊を立て、米、水、塩、酒をお供えします。また、特別な日にはこれらに加えて魚などをお供えしてもいいでしょう。

簡単なように思えますが、朝晩のお供えものを続けることは大変です。お供えものは何よりも続けることが大切です。まずは米、慣れてきたら米と水と塩、ライフスタイルに組み込まれたら米、酒、水、塩をお供えするといいでしょう。榊は15日程度で取り替えます。お供えをしたら二礼二拍手一礼をしましょう。

年のはじめや終わりなどの節目に新しいお神札に変えよう！

ポイント5

一年に一度
お神札は新しい
ものに替える！

授与所

神宮大麻は全国の神社に置かれています。お神札は一年に一度は新しいものに替えることで、新たにお力を発揮します。

お神札には無限の霊力があるわけではない

日本全国に同じ神様を祀る神社があります。これは元の神社から神霊を分霊して勧請したためです。しかし、お神札は神霊を分霊したものではなく、お力を授けられたものです。

ローソクの火に例えると、分霊はローソクからローソクに火を移すイメージです。火の力は弱まることはありません。お神札はいわばローソクの火で温められたものです。最初は暖かくても冷気に触れて徐々に冷めてしまいます。同じように、お神札の霊力も知らずについた罪・穢れを祓いながら徐々に落ちていきます。そのため、一年に一度取り替える必要があるのです。

神社なんでもQ&A

Q 神社はいつからあるの？

A 詳しいことはわかりません。

神社の信仰の原型は日本で文字が使われる以前からあったため、いつ始まったかはわかっていません。古代の祭祀遺跡などを見ると縄文時代に信仰のベースがあったと考えられ、社殿における祭祀が本格的に行われるようになったのは8世紀頃からと考えられます。

Q 全国に神社はいくつあるの？

A 約8万４０００社です。

文化庁が毎年発表する宗教年鑑によると、宗教法人登録されているだけで日本には約8万４０００社以上の神社があります。さらに街の人が運営している登録されていない神社やプライベートな神社なども合わせると10万社を超える神社があるといわれます。

Q なぜ参拝の時に手を打つの？

A 弥生時代から続く日本独自のマナーです。

弥生時代の日本について記されている中国の歴史書『魏志』倭人伝には、日本人は身分の高い人に対して手を打って敬意を表したことが記されています。手を打つことは１８００年以上続く、日本オリジナルの最大級のマナーなのです。

Q 権現、明神って どういう意味?

A 仏教における 神様の称号です。

「権」とは「仮」「臨時」といった意味があり、権現とは、「仏様が神様の姿(仮の姿)となって現れた存在」を意味します。「明神」は仏教における神様の呼び方です。明治時代までは神様と仏様が同一のものとする神仏習合の名残りで、現在も通称として残っています。

Q ○○大社、△△中社って なに?

A かつてあった 神社の格式です。

現在では、伊勢神宮を1社のみを別格として、すべての神社に上下のランクはありません。しかし、かつては神社が行政機関に所属する施設だったこともあるため、管理しやすいように官幣大・中・小社、国幣大・中・小社、県社、郷社などといった社格制度がありました。

Q 神話で死んだ神様は どうなっているの?

A 神霊となって ご神威を発揮します。

神話には神様が死ぬエピソードが多数残っていますが、死んだ後も登場することが珍しくありません。人間の生きる世界と死の世界は断絶せずにつながっているものと考えられ、また肉体的に滅びても神霊は不滅であるとされます。

● 著者「大開運」神社研究会

全国の神社の案内パンフレットを制作している編集プロダクション・杜出版が主宰。全国の神社を巡り、地域ごとに特色がある神社の信仰のみならず、歴史学の観点から神社を研究している。神社ファンに神社の奥深さと多様さを知ってもらいたいと思い、本書を執筆した。

ご利益別で探しやすい

願いが叶う「最高の開運」神社事典

2018年11月28日 第1刷発行

著者　「大開運」神社研究会
発行人　蓮見清一
発行所　株式会社宝島社
〒102-8388　東京都千代田区一番町25番地
電話(編集)03-3239-0927
(営業)03-3234-4621
https://tkj.jp

印刷・製本　サンケイ総合印刷株式会社

ISBN 978-4-8002-8941-4